AF610106

DES
VOIES ROMAINES
SORTANT DE BLAIN,
(LOIRE-INFÉRIEURE),

PAR M. BIZEUL, DE BLAIN,
MEMBRE CORRESPONDANT DE LA SOCIÉTÉ ROYALE DES ANTIQUAIRES DE FRANCE, DE LA SOCIÉTÉ ACADÉMIQUE DE NANTES, ETC.

Sparsa et neglecta coegi.
(Claud. FAUCHET.)

NANTES,
IMPRIMERIE DE M.me V.e CAMILLE MELLINET.

1845.

VOIE ROMAINE

DE BLAIN A NANTES,

PAR M. BIZEUL.

Blain, capitale du pays des Namnètes, avant la conquête des Gaules, et l'un des principaux établissements du même pays sous l'occupation romaine, devait être lié avec Nantes, le *portus Namnetum*, par une voie militaire. C'est une des premières que j'ai reconnues. Elle sortait de Blain par le chemin de la Croix-Rouge, qui conduit du bourg au château, et traversait la rivière d'Isar, devenue canal de Nantes à Brest, dans l'endroit même où a été construit, en 1840, un pont de pierre à trois arches, sur la route départementale de Blain à Savenay. Je ne répéterai point ici ce que j'ai dit ailleurs sur la quantité considérable de débris romains que la moindre fouille fait sortir de tout le sol sur lequel Blain est bâti, et surtout du champ des *Pressoirs,* situé au joignant et à l'E. de la voie, entre le bourg actuel et le pont dont je viens de parler; sur le camp encore entouré de fossés, placé au S.-E. de ce même champ, auquel il est contigu; enfin sur le château de Blain, l'une des plus fortes places de la Bretagne, au moyen âge, et dont la fondation primitive doit remonter bien au-delà du commencement du XII.é siècle, époque à laquelle on croit communément qu'il a été bâti.

Mais je dirai qu'en creusant le canal pour l'établissement du *Pont-Neuf*, on a trouvé, à 2 mètres de profondeur, un certain nombre de pieux de bois ou pilotis, profondément enfoncés en terre, qui, probablement, supportaient un pont en charpente; on peut voir encore la tête brisée d'une douzaine de ces pieux, tout près et en amont du pont, quand on dessèche le canal. J'ai aussi remarqué à quelques pas du même pont, sur la rive droite, quand on fit les premiers travaux de terrassement, les débris d'une maison qui ne formaient plus qu'un monticule de terre, dans lequel les traces d'un incendie considérable étaient très-apparentes.

La culée méridionale du Pont-Neuf s'appuie sur la partie septentrionale d'un tumulus qui existait sur le bord de la voie, dans le pré nommé actuellement Pré du Moulin; mais qui, dans tous les anciens titres, est désigné sous le nom de *Pré du Pic du Capitaine*. J'ai cru, avec d'autres, parmi lesquels je puis citer mon savant maître en archéologie Athénas, et Éd. Richer, que ce nom avait un rapport direct avec le tumulus, qui paraît avoir été considéré jadis comme un monument élevé en l'honneur d'un chef, d'un *capitaine*, monument dont la forme conique l'a fait désigner par le mot *pic*, qui, en effet, n'est pas sans analogie avec ce que nous entendons par *monceau, tombelle, tumulus*. Ce tumulus avait été rasé ou s'était aplati, et n'avait plus que 3 à 4 mètres de hauteur; mais sa circonférence à la base n'avait pas moins de 140 à 150 mètres. Il a été complétement détruit en 1842, par les ordres de M. le comte Janzé, propriétaire du château de Blain et du pré du Moulin. On n'a pas trouvé, dans cette démolition, les objets curieux qu'on rencontre d'ordinaire sous ces sortes de monuments. Mais, comme on ne s'est appliqué qu'à raser le tumulus au niveau du sol environnant, on a peut-être laissé dans la partie inférieure ce qu'il y avait de plus important. J'ai recueilli trois fragments en terre cuite d'un objet que je ne sais trop comment qualifier, n'en ayant rencontré d'analogue dans aucune collection ; c'est une sorte de chandelier dont la patte est arrondie, et dont la partie supérieure, de même grandeur que la patte et arrondie comme elle, porte à son centre une ouverture en cône renversé de plus d'un pouce de diamètre et d'environ deux pouces de profondeur. La patte et la partie supérieure, qu'on pourrait peut-être nommer *bobèche*, ont un diamètre égal de trois pouces et demi. La tige a à peu près 2 pouces de diamètre ; je n'en connais pas la hauteur, que n'ont pu me donner les fragments brisés et incomplets que je décris.

Le tumulus était un amoncellement de terre et de pierres; ces dernières, qui y étaient placées par couches, ont été extraites dans le grand coteau méridional de la rivière d'Isar, et sont un grès quartzeux. Elles n'étaient liées par aucun ciment, et ont été apportées telles qu'elles sont sorties de la carrière. Cependant on croirait qu'il en a été fait un certain choix, car elles sont presque toutes de la grosseur et même de la forme des pavés ordinaires. Sur l'un des bords du tumulus, on a remarqué une petite place où le feu avait évidemment rougi la terre argileuse qui était à sa portée, et on a recueilli quelques charbons qui s'y étaient conservés.

A cent pas au-delà, la voie passait tout près et à l'est des maisons du village du Gravier, placé sur la pente du coteau vers la rivière d'Isar. Le sol sur lequel il est bâti renferme une grande quantité de morceaux de tuiles à rebords, et annonce que ce village a remplacé de nombreuses habitations gallo-romaines.

La voie s'y montrait à l'entrée du chemin qui conduit au château, et son agger y était encore reconnaissable, à l'endroit où était plantée dessus une très-modeste croix de bois, et dans une aire à battre les grains tout au joignant. On la retrouvait, mais par parties séparées, *disjecta membra*, dans le chemin montant du gravier vers le *Coin du Parc*, connu de tout le voisinage sous le nom très-significatif de *Chemin de la Chaussée*. Une pente assez rapide et un terrain d'argile chloritique, plein de fondrières, avaient rendu ce chemin presque impraticable, et les morceaux de la vieille voie pouvaient être comparés à des îlots dans un bourbier. Au bout de cent mètres, on retrouvait l'agger dans son entière largeur et d'une parfaite solidité, jusqu'au croisement de l'ancien chemin rural de Blain à Savenay.

Ce croisement était le point où venait s'embrancher la *voie romaine de Blain vers Saint-Nazaire ou l'em-*

bouchure de la Loire, dont je parlerai dans le chapitre suivant.

Nous arrivons au Coin du Parc; et, depuis le Gravier jusque-là, les travaux pour l'exécution de la route départementale de Blain à Savenay, et du chemin de grande communication de Blain à Fay, ont entièrement changé l'état des lieux. Il est assez remarquable qu'après tant de siècles, on soit revenu à tracer une route, pour sortir de Blain, dans la ligne même que les Romains avaient suivie. Peut-être complètera-t-on un jour ce tracé, en le dirigeant sur Nantes, et en suivant la voie antique que nous allons parcourir, et qui est certainement le plus court chemin de Blain à la capitale du département.

On nomme *Coin du Parc* l'angle formé par le mur occidental et le mur septentrional du parc du château de Blain. Ces murs remontent au moins au XV.e siècle, vers la fin duquel Jean de Rohan fit paver le chemin qui les longe, depuis la porte du château jusqu'à la porte de fer fermant une des allées du parc. Le mur occidental a été construit sur le milieu de la voie romaine, dont l'agger s'est conservé parfaitement, moitié en dedans du parc et moitié en dehors, sous le pavé de Jean de Rohan. Cet agger a de 25 à 30 pieds de large, et une épaisseur de plus d'un mètre.

Entre le Coin du Parc et la porte de fer, à l'ouest et à quelques pas de la voie, existait une très-vieille croix, détruite dans la révolution, et qui a été rétablie, mais à une autre place. On la nommait la *Croix Mahé*, et je l'ai trouvée mentionnée dans un titre de 1574, émané de *la court et jurisdiction de Blaing*. Je la mentionne ici, parce que beaucoup de ces croix, respectées pendant si longtemps, ont au moins conservé l'emplacement des colonnes milliaires, quand elles n'ont pas empêché la destruction de ces colonnes, qui souvent leur servirent de cippe.

De la porte de fer, l'une des entrées de ce magnifique parc tout planté en futaies de chêne, qui relevaient encore la grandeur du château des Rohan, jusqu'à la chapelle de Saint-Roch, la voie existe en son entier, quant à sa largeur, mais la couche supérieure de cailloux de quartz roulés a presque entièrement disparu, et il n'est resté que le *statumen* en moellons de grès quartzeux placés tels qu'ils sont sortis de la carrière. Dans cet intervalle, la voie passe à la métairie du Champ-Brunet, qu'elle laisse à l'est, et arrive entre la chapelle et le village de Saint-Roch, marqué à tort comme un bourg à clocher sur la carte de Cassini.

Cette chapelle de Saint-Roch est élégamment posée sur un rocher de grès quartzeux, dont les masses irrégulières, entassées les unes sur les autres, forment un monticule pittoresque de 30 à 40 pieds d'élévation. C'est une construction de la fin du XVe siècle. Au joignant de la chapelle principale, vers midi, existait un petit bâtiment qu'on nommait l'*ermitage*, parce qu'on prétend qu'un ermite l'habitait *il y a bien longtemps*. On a démoli cet ermitage, bouché une fenêtre en son entier, et une autre à moitié, garnissant la partie supérieure de la plus ridicule menuiserie à carreaux blancs qu'on puisse imaginer. La fenêtre du nord seule, dessinée en ogive à cœurs, a été conservée; et même on y voit encore la figure en pied de Saint-Jean-Baptiste, assez bien peinte sur verre.

Cette chapelle attire un certain nombre de pèlerins dans tous les temps, mais surtout quand il existe des épidémies et des épizooties. On y vient pour faire passer la fièvre, et voici le moyen sanitaire : Le pèlerin coupe une branche de genêt, en forme un petit balai, et doit, après avoir fait ses oraisons, balayer la chapelle d'un bout à l'autre. J'ai vu dans un coin plus d'une vingtaine de ces balais. On va trois fois par an en procession à cette chapelle, et on y dit la messe ces jours-là.

Le rocher sur lequel elle est bâtie, et un autre rocher un peu moins gros, mais aussi élevé, se nomment les *Roches fous*. Ce nom, qui rappelle les *Pierres folles*, *petræ stultæ, petræ fatuæ,* qui se rencontrent en tant de lieux, peut faire croire qu'il y a eu ici quelques idées de féerie, et que le rocher où la religion chrétienne a élevé une chapelle en l'honneur de Saint-Roch, devait, dès auparavant, avoir été consacré par quelque tradition religieuse qui se perdait dans la nuit des temps.

Dans le chemin en pente qui va de la chapelle de Saint-Roch à la chaussée de l'ancien étang du même nom, il est fort difficile de reconnaître la voie. Mais, en approchant du bout septentrional de cette chaussée, on en découvrait un fragment d'une vingtaine de mètres de longueur, avant que le chemin eût été réparé. La chaussée de l'étang, desséché en 1842, avait été formée par la voie elle-même, sur une longueur d'environ 250 mètres. Cette chaussée, qui était basse et plate, n'avait conservé aucune forme de la voie. Il n'en était pas ainsi de son prolongement de 300 mètres, connu aussi sous le nom de *Chaussée de Saint-Roch*, quoiqu'il ne servît en aucune manière à retenir les eaux de l'étang. Ce prolongement, large au plus de 5 mètres, était élevé d'un mètre et demi et avait conservé un pavé assez irrégulier et formé de grès quartzeux, à peu près de la grosseur des pavés ordinaires. Il est à croire que la partie servant de digue à l'étang était autrefois pavée comme son prolongement. On peut expliquer aussi ce rebombement inusité et ce pavé d'une si petite largeur, en disant que, dans ce parcours de 550 mètres, la voie traversait un terrain marécageux, dans lequel il était assez difficile de suivre les dimensions ordinaires des voies romaines. J'en ai rencontré d'autres exemples.

Le pavé finissait à l'endroit où le terrain commence à se relever, et où existe une croix dont l'emplacement doit-être fort ancien. Ici la voie reprend sa largeur ordinaire, et on reconnaît facilement son empierrement supérieur en cailloux roulés. Nous sommes à la bifurcation de deux chemins, l'un marqué sur la carte de Cassini comme chemin rural, et que la voie a suivi très-exactement depuis Blain: c'est l'ancien chemin de Nantes par la Paquelais. L'autre chemin à droite conduit au château de la Violaye. La voie suit ce dernier pendant 200 mètres, puis entre dans des pièces en culture où il n'est pas fort aisé de la suivre. C'est ainsi qu'elle laisse à l'ouest, et à peu de distance, les villages du Houssay et de la Havardais. Sur une petite lande à l'est de ce dernier village, on la retrouve dans toute sa largeur de 20 mètres entre ses rebords ou contre-fossés qui existent encore.

De là elle entre sur les dépendances de la terre de la Violaye, qu'elle traverse du nord au midi, mais sur laquelle elle a laissé peu de vestiges. Les fermiers de cette terre en connaissent fort bien, toutefois, la direction; et, dans un titre de la même terre, de 1542, j'ai trouvé la voie prise pour limite et désignée sous le nom de *Grand-Chemin Nantois du Pont-Loquet.*

Le château, ou plutôt le manoir de la Violaye, n'a rien qui annonce une place fortifiée. Il est à 2 ou 300 mètres à l'ouest de la voie. A pareille distance, aussi à l'ouest, du château, on trouve une petite enceinte de 6 à 8 ares, défendue par des fossés et des rejets de terre encore bien marqués. On nomme cette fortification le *Château de la Motte.* A un kilomètre de là, au sud-ouest, près du bourg de Fay, et au village du *Chastel*, il existait une autre petite enceinte fortifiée, qui avait donné le nom au village. Je ne l'ai vue que quand on en avait déjà aplani une partie; aujourd'hui, tout a disparu, et il n'en est resté que le nom du *Chastel.* C'était, comme le *Château de la Motte*, un poste à portée de la voie.

En sortant des terres de la Violaye, la voie commence à servir de limite entre les paroisses de Blain et de Fay, laissant le clocher de cette dernière paroisse à trois kilomètres à l'ouest, et cette limite va se continuer jusqu'à l'arche du Foüan, au-delà de laquelle la voie en servira encore entre Fay et Héric, ainsi que je l'expliquerai en son lieu. On sait que, dans tous les pays, les voies romaines ont été choisies pour les débornements des paroisses; ce qui prouve que, quelque ancienneté qu'on assigne à ces établissements religieux, les voies sont encore plus anciennes.

Entre la clôture de la Violaye et le Pont-Loquet, la voie est fort apparente. Ce *Pont-Loquet* n'est qu'un pont rustique, jeté sur un ruisseau que la voie passait à gué. Au-delà, elle redevient chemin public, et se dirige, en ligne à peu près droite, sur un autre pont nommé l'Arche du Foüan. Elle porte dans cet intervalle le nom de *Chaussée du Radin*, parce qu'elle servait de chaussée à un étang de ce nom, desséché depuis longtemps. Dans les parties en lande où elle passe, au-delà du Radin, elle s'est conservée dans sa parfaite intégrité.

A l'est de la voie, et à peu de distance de la maison de la Rousselais, se trouve une sorte de marais d'environ 2 hectares de superficie, et qui n'est autre chose qu'un affouillement considérable, dans lequel on a pris le gravois de quartz roulé, nécessaire à la stratification supérieure de la voie, dans ses parties les plus rapprochées de ce point. Des traditions féeriques sur cet affouillement se sont conservées jusqu'à nos jours.

L'Arche du Foüan est un petit pont en pierre, à deux arches, de construction moderne, jeté sur un ruisseau plus fort que le précédent, et, comme lui, affluent de la rivière d'Isar. Cette arche est la limite commune à trois paroisses : Blain, Fay et Héric. Ce nom de *Foüan* lui vient d'un village qui existait tout auprès, à l'est de la voie, et sur le territoire de la paroisse de Héric ; et on en trouve la racine étymologique dans le bas-breton *fao* ou *fou*, qui signifie *hêtre*, *fagus*, et je présume que *foüan* signifiait *lieu planté de hêtres.*

A 400 mètres au sud-est de l'Arche du Foüan, et à 200 mètres à l'est de la voie, en la paroisse de Héric, se trouve un autre *Château de la Motte*, qui est une enceinte cernée de fossés et de rejets de terre, contenant à l'intérieur de 15 à 20 ares, et d'une forme circulaire. C'est évidemment un petit camp ou poste destiné à défendre le passage de la voie. Le retranchement à l'orient, au midi et en partie à l'occident, a plus de 30 pieds d'élévation, à partir du fond du fossé, qui a généralement de 20 à 25 pieds de large. Il est moins élevé au nord, parce que, dans cette direction, le camp s'appuie au coteau. C'était là que devait être la porte. A l'intérieur, le talus présente encore une hauteur de 4 à 5 pieds. Il est formé de terre et de pierraille, sans aucune apparence de ciment.

Cependant, s'il fallait en croire la tradition locale, le *Château de la Motte* aurait été détruit à coups de canon, lançant des boulets de pierre, et la batterie était placée à cette carrière de cailloux roulés, près du village de la Rousselais, dont j'ai parlé ci-dessus. Cette tradition n'est pas la seule qui se rapporte au Château de la Motte : en voici une autre à peu près de la même force. Un trésor y est enfoui. Un maître d'école (un *écolier*, dans le langage du pays) qui demeurait au Breil-de-Loup, village voisin, en la paroisse de Fay, poussé par le désir de s'enrichir, se rendit un jour au Château de la Motte, avec tous ses élèves, et commença la fouille nécessaire pour découvrir le trésor. Mais quand il fut arrivé à une certaine profondeur, voilà qu'une immensité d'abeilles sortent de la terre, se jettent sur les malencontreux travailleurs et les mettent en fuite. Quelques personnes vont même jusqu'à dire que ce ne furent pas des abeilles qui sortirent des flancs du retranchement, mais de belles et bonnes flammes, qui dévorèrent l'avaricieux *écolier* et tous ses pauvres petits complices. Aussi, croyez bien que personne ne se hasarde dans la nuit sombre, ou même au clair de la lune dans ce lieu néfaste. Ce n'est même qu'en tremblant que l'on parcourt, quand le jour baisse, le chemin qui conduit de l'Arche du Foüan au Breil-de-Loup, chemin creux et ombragé, côte à côte et à l'est duquel la voie a laissé de nombreux vestiges : c'est un lieu d'apparitions, de *voiries* ou *vaéries*, c'est-à-dire de choses qu'on *voit* ou plutôt que l'on croit voir, mais choses effrayantes et desquelles on ne peut se rendre raison. Nous retrouvons donc ici ces idées fantastiques attachées à un camp, à un chemin romains, comme en tant d'autres endroits.

A peu près à la hauteur du Château de la Motte, la voie s'éloigne du chemin rural, et, traversant diverses pièces de bois et de landes, où elle est encore très-marquée, elle rentre dans ce chemin, qui, comme je l'ai déjà dit, était le chemin de Blain à Nantes par la Paquelais. Cette réunion s'opère vis-à-vis et à 200 mètres à l'est du village du Breil-de-Loup. Là, la voie est fort connue sous le nom de *Chaussée de Vieille Forêt*. Il paraît qu'il existait dans la plaine à droite et à gauche de la chaussée, une forêt qui s'étendait sur le territoire des paroïsses de Fay et de Héric. Il doit y avoir longtemps que cette forêt a disparu, car j'ai sous les yeux un afféagement de 1618, qui constate que toute cette plaine était en lande, *brosses*, *ragosses* et bois *abroutis*, et nommée la lande de *Vieille Forêt*. Notre voie y est aussi mentionnée sous le nom de *Chaussée qui fait la séparation des paroisses de Fay et de Héric*. En effet, cette délimitation est encore reconnue aujourd'hui, depuis l'Arche du Foüan jusqu'à la Croix Perroche, dont nous allons parler bientôt.

La Chaussée de Vieille Forêt est l'un des fragments de la voie les mieux conservés. La clôture des landes a fait disparaître ses rebords, que les fossés de chaque côté ont remplacés, mais son *agger*, ou empierrement en cailloux roulés de quartz, est intact en beaucoup de parties. On voit qu'il a été appuyé dans ses côtés par un rang de fortes dalles en pierre, placées de champ.

A peu de distance de la voie vers l'est, sur la lande du Long-dû, en Héric, le nom de *Forteresses* est resté à quelques pièces de terre, où existaient des ouvrages de fortification en retranchements aujourd'hui peu apparents.

Du village du Breil-de-Loup à la Croix Perroche, on compte 3 kilomètres. Cette croix, qui n'est point antique, mérite cependant une petite description; elle est en granit de Vigneux, paroisse voisine. Au lieu d'un seul croisillon, elle en porte deux encore bien marqués, mais grossièrement taillés. J'en ai rencontré une autre du même genre près du village de la Feuilletais, en Fay; mais on n'a laissé à celle-ci que le croisillon supérieur. L'inférieur a été détruit; cependant le marteau ne l'a pas tellement faite disparaître, qu'on ne puisse être convaincu que cette croix, de granit comme la

Croix Perroche, avait un second croisillon. A quelle époque remontent ces croix? Je l'ignore. Seraient-elles du temps de la domination du duc de Mercœur en Bretagne, et aurait-on voulu flatter ce prince en reproduisant la double croix de Lorraine, comme on l'a fait sur le bastion du château de Nantes? Je n'ose l'affirmer. Une tradition veut que la peste ravageant le village de l'Épine de Fay, où nous allons arriver tout à l'heure, une pauvre femme s'enfuit avec son enfant dans ses bras; mais qu'épuisée par le mal, elle ne put aller plus loin que la Croix Perroche, qui fut élevée à l'endroit où la mère et l'enfant furent trouvés morts. Cette peste a laissé à l'Épine de profonds souvenirs. On y montre le cimetière des pestiférés; mais on ignore, et je ne puis indiquer moi-même, l'époque précise de cette épidémie, étant fort difficile de faire un choix parmi celles assez nombreuses que nos chroniques mentionnent comme ayant désolé le pays nantais.

De la Croix Perroche jusqu'à la sortie du village de l'Épine de Fay, je n'ai pu bien suivre la voie qui traverse, à l'ouest du chemin rural actuel, des terres en labour, des prairies, des jardins et ce village lui-même, dont une partie des maisons la couvrent. Quoique non apparente, sa direction, dans ce parcours, n'en est pas moins connue des habitants. Un aveu rendu, en 1542, à la seigneurie de Maure, en Fay, signale un fief de la *Chaussée* à l'Épine, et ce nom est certainement dû à la voie romaine.

En sortant de l'Épine, on retrouve la voie à l'O. du chemin vicinal, d'abord sur la lande, puis traversant différentes pièces en labour, en lande, en broussailles, dans lesquelles on la suit aisément. Elle coupe bientôt le chemin rural de la Paquelais, en formant avec lui un angle très-aigu ; puis elle passe au travers de deux pièces de landes closes de fossés, et en sort à quelques pas de la *Fontaine de Noë-Verte*, borne commune des trois paroisses de Fay, de Grand-Champ et de Vigneux. A partir de ce point, la voie ne cesse de servir de limite paroissiale jusqu'au moulin de la Rochette, à 4 kilomètres de Nantes, ainsi que je le ferai remarquer en continuant mon itinéraire. Ici elle commence à séparer Grand-Champ et Vigneux. Nous sommes à 300 mètres à l'E. du village de la Boüexière. Ce village était un prieuré appartenant au chapitre de la cathédrale de Nantes, et ayant un petit fief de 81 journaux de superficie, dans les déborncments duquel j'ai retrouvé notre voie romaine fort clairement désignée, sous le nom de *Petite Vieille Chaussée appelée la Chaussée des Fées.* Ce renseignement est de la fin du XVI.e siècle (10 juillet 1596). Il existait à la Boüexière une petite chapelle dont il ne reste plus rien. Une vieille croix de granit indique seule son emplacement. Au titre que je viens de citer est joint un plan visuel du fief de la Boüexière. Le chemin actuel de Blain à la Paquelais y est tracé et indiqué comme *grand chemin qui conduit de Blain à Nantes.* Ceci nous prouve qu'avant nos routes modernes arrangées en véritables *grands chemins*, on donnait ce nom à de simples chemins ruraux que nuls travaux d'art n'avaient améliorés ; mais qui, conduisant aux principales villes, étaient conséquemment très-fréquentés.

J'en connais plusieurs dans le département de la Loire-Inférieure, et je citerai le *Chemin-Nantais*, qui va de Saint-Gildas-des-Bois à Nantes, par le Temple. A l'inspection de ces chemins, personne ne les prendra pour des voies romaines; mais le nom de *grand chemin* que celles-ci portent quelquefois pourrait induire en erreur. Il est donc bon de suivre en ceci, comme en beaucoup d'autres choses, le précepte d'Horace :

Segniùs irritant animos demissa per aures
Quàm quæ sunt oculis subjecta fidelibus.

On aura remarqué ce nom de Chaussée des *Fées* donné à notre voie. Nous retrouvons presque partout ces idées de féerie, comme si les voies romaines étaient un travail surnaturel et dû à la baguette des fées.

De la Fontaine de Noë-Verte la voie traverse d'abord une petite lande, puis une futaie de chêne doux (*quercus toza*), au bout de laquelle elle devient chemin vicinal conduisant de la Boüexière vers le bourg de Treliéres. Elle continue à être très-marquée et très-solide, même sur la lisière orientale d'un champ labouré, d'une pièce en broussailles et d'autres enclos, suivant côte à côte et parallèlement le chemin vicinal jusqu'au point où un autre chemin vicinal, arrivant du village de la Pâquelais par celui de la Baussonnière, vient le croiser.

Ce village de la Paquelaïs, plus considérable que les hameaux ordinaires, est un lieu fort anciennement habité. Depuis qu'on ne suivait plus la voie romaine, le chemin de Blain à Nantes passait par là. C'était une sorte de bourgade avec auberges, où il se tient, le dimanche de la Trinité et de temps immémorial, une *assemblée* nombreuse, et le lendemain une foire considérable. Il y existait une chapelle dont les ruines se voient encore, et qui paraît avoir été rebâtie au XV.[e] siècle. Ogée dit que la Paquelais était une trève de la paroisse de Vigneux. On y voit quelques vieilles maisons fort solidement construites en très-beau granit, qui est la pierre du pays ; l'une d'elles porte le millésime de 1555. Anne de Bretagne, se rendant de Blain à Nantes, en 1489, et ayant appris que le maréchal de Rieux voulait lui interdire l'entrée de cette ville, s'arrêta à la Paquelais avec le comte de Dunois, qui commandait son escorte. Elle y resta deux ou trois jours. La Paquelais est à 12 ou 1500 mètres à l'O. de la voie. Elle en est séparée par un petit affluent du ruisseau de Gêvres, que nous allons bientôt rencontrer, et qui se perd dans l'Erdre, à la Verrière.

Au midi du point où nous avons laissé la voie, elle traverse quelques enclos, et va sortir sur une lande assez fortement inclinée au midi, et presque entourée de magnifiques plantations de vieux châtaigniers, qui produisent ces marrons estimés qu'on vend à Nantes, marrons si gracieusement nommés le *triomphe de la Bretagne*, par la châtelaine du Buron, dont nous laissons le manoir à 3 kilomètres au S.-O.

Au milieu de cette lande, une pauvre chaumière a été bâtie sur le bord de la voie, qui de là descend au village de la Guittonnais, au travers duquel cette route antique est encore aujourd'hui une limite si rigoureuse, que les maisons placées à son levant dépendent de la paroisse de Treliêres, et celles placées au couchant font partie du territoire de Vigneux. La croix de la Barre, près et au nord du même village, sur la voie, est un signe fort apparent de cette délimitation. Elle sert de borne aux paroisses de Grand-Champ, de Trelières et de Vigneux. On la regarde comme fort ancienne : elle a peut-être remplacé une borne milliaire.

C'est tout auprès de ce village de la Guittonnais que mon bon et regrettable ami Édouard Richer, en parcourant ce pays qu'il a décrit d'une manière si pittoresque, a découvert une enceinte militaire avec fossés et retranchements, nommée par les paysans le *Four ou le Fort* de la Guittonnais. C'était encore un poste qui éclairait la voie romaine.

Cette voie n'est guère reconnaissable en sortant du village. On peut croire qu'elle suivait le chemin vicinal qui conduit au Pont de la Magdeleine, sur le ruisseau de Gêvres. Ce chemin, récemment et fort bien réparé, traverse, pour s'y rendre, un champ où l'on remarque d'énormes châtaigniers ; puis, descendant la pente très-rapide du coteau, s'enfonce dans une sorte de ravin que le temps et les eaux ont creusé. La voie se retrouve dans un friche placé à l'E. et au joignant de ce ravin, et elle arrive à l'endroit où M. Vincent, maire de Trelières, a fait construire un pont fort commode, et où probablement les Romains passaient à gué, comme on l'a fait depuis eux jusqu'à la construction de ce pont.

Le ruisseau de Gêvres est ici très-encaissé. Le coteau méridional n'est pas moins escarpé que celui du nord. Le village de la Magdeleine est à son pied dans un site très-pittoresque. Ce nom lui vient d'une vieille petite chapelle tout en ruine, et dont j'ai vu un énorme châtaignier soutenir le pignon oriental. Elle était dédiée à Sainte-Marie-Magdeleine. Voici la troisième chapelle que nous rencontrons sur la voie. J'ai soin de les noter, quelque insignifiantes qu'elles puissent être, parce que l'origine de la plupart d'entre elles se perdant dans le moyen âge, nous pouvons croire que le choix de leur emplacement est dû à des motifs, soit religieux, soit militaires, qui ne sont pas tout à fait étrangers aux voies dont ces chapelles sont en quelque sorte les jalons.

La voie a disparu près de celle-ci. Pour la retrouver, il faut gravir le coteau par le chemin très-bien arrangé, mais très-montant, qui fait suite au pont, au haut et à l'O. duquel on aperçoit aussitôt la voie; et on la suit facilement jusqu'au pied et à l'E. du moulin à vent de Launay. Le mamelon sur lequel est planté ce moulin est tout entier formé d'un immense amas de cailloux roulés de quartz. A quelques cents mètres à l'E. du moulin, existe un affouillement de cette matière si recherchée pour la stratification des routes. Cet affouillement, qui a été évidemment fait pour servir à la construction de la voie romaine, a plus d'un demi-hectare en superficie, et deux ou trois mètres de profondeur. On peut juger par ces dimensions de l'énorme quantité de gravois qui en est sortie; mais on n'en sera pas étonné, quand on saura que, dans tout ce pays granitique et schisteux, c'est à peu près le seul dépôt de cette nature qu'on y rencontre, et qu'on n'ignore pas d'ailleurs que les Romains employaient de préférence les cailloux roulés pour former la couche supérieure de leurs voies. Nous en usons beaucoup aujourd'hui ; mais il faut avouer qu'il est un peu honteux pour nous de devoir à l'anglais Mac-Adam un procédé qu'il a donné comme une découverte, bien qu'il fût parfaitement connu des Romains, quand nous avions sous les yeux de longs fragments de voie parfaitement conservés, et qui sont encore recouverts, à plus de dix pouces d'épaisseur, de la couche antique de cailloux.

Du moulin de Launay la voie descend dans un petit vallon, puis remonte, à travers d'assez profonds ravins, vers le moulin de Champ-Bouin, en passant tout près et à l'O. du village de la Bernardais. Jusque-là elle est fort difficile à suivre ; mais, arrivée vis-à-vis de ce moulin, qu'elle laisse à cent pas à l'O., elle devient parfaitement apparente, et sa convexité est très-prononcée. C'est ainsi qu'en ligne à peu près droite, elle se rend au village des Breillas, vis-à-vis et à l'E. duquel elle passe.

Dans cet intervalle, à l'E. et à 3 à 400 mètres de la voie, se trouve la chapelle de N.-D.-des-Dons. La porte et la fenêtre à ogive tréflée qui est au-dessus de l'autel, annoncent une construction de la première moitié du XV.e siècle ou de la fin du XIV. Je ne sais où Ogée a pris que cette chapelle avait été bâtie par les ducs de Bretagne. Un écusson peint sur verre, et qui a échappé à la ruine presque entière de l'édifice, annoncerait plutôt que les anciens seigneurs de Trelières en auraient été les fondateurs. Cet écusson portant : *de sable au sautoir d'or chargé en cœur d'une étoile de gueules*, appartient à la famille Poullain de la Houssaye, anoblie par la mairie de Nantes, et qui a possédé non-seulement ce manoir de la Houssaye, mais encore celui de Gêvres, maison seigneuriale de Trelières. Cette famille n'a évidemment placé son écusson dans la chapelle de N.-D.-des-Dons, que parce qu'elle avait, par acquisition, succédé aux anciens seigneurs de Trelières, au nombre desquels Ogée place Tristan de la Lande, qui vivait au XV.e siècle, et dont la maison est éteinte depuis longtemps. Un autre écusson, aussi peint sur verre, dont le champ a été brisé, mais dont il est resté une couronne de marquis, appartenait probablement aux Rosmadec, qui ont possédé Gêvres jusque vers 1780. Le retable en bois porte la date de 1658.

Malgré son état de ruine, cette chapelle est encore fréquentée par les pèlerins, et il s'y tient, chaque année, le mardi de Pâques, une nombreuse *assemblée*.

A 500 mètres à l'E. du village des Breillas, et conséquemment de la voie romaine, existait un assez beau pilier de pierre ou *peulven*, puisqu'on veut absolument adopter ce mot bas-breton. Il se trouvait dans un ravin entre le village de l'Aleud et la grande route de Nantes à Rennes, d'où on l'apercevait facilement; on l'appelait la *Galoche de Gargantua*, et on ajoutait que le *palet* du géant était à 3 kilomètres de là, au village de *Pierre-Plate*, qui probablement en avait reçu son nom. Cette *Galoche*, qui avait 2 mètres 27 centimètres de hauteur hors de terre, et 3 mètres 57 centim. de tour à la base, était un fort beau morceau de granit; et c'est ce qui, en 1831, en a amené la destruction. Il a été brisé par les entrepreneurs du canal de Nantes à Brest, qui en ont tiré quelques pierres de taille pour les écluses. Cette destruction serait moins absurde, si on s'était fait besoin d'une pièce de fort échantillon; mais je l'ai vu de mes propres yeux réduit en morceaux dont on n'aura pu faire qu'une sorte de moellon piqué. Cet acte de vandalisme est d'autant plus regrettable, que ce genre de monument est assez rare dans les environs de Nantes et même dans tout le département. A quoi bon tant parler de la conservation des monuments, quand on laisse faire de pareilles choses? quand, dans notre siècle si lumineux, on voit détruire, par une stupide ignorance, cette pierre plantée dans les âges antéhistoriques et qui avait traversé les siècles, sans encombre, au milieu des épouvantables bouleversements qui se sont succédé sur notre sol gaulois? J'en pourrais, dans notre Bretagne, citer bien d'autres exemples.

Reprenons notre voie romaine; il nous en reste au moins quelques fragments, qui ont le bonheur de ne pas exciter une misérable cupidité. Du village des Breillas, nous pouvons la suivre très-facilement jusque à la maison placée vis-à-vis du télégraphe, maison nommée *Jouneau* par la carte de Cassini, et connue aujourd'hui sous le nom de *Pierre-Plate*. Dans cet intervalle, à peu de distance des Breillas, on trouve sur le milieu de la voie une pierre de granit de forme cylindrique ayant 1 mètre 30 centim. de hauteur hors de terre, et 2 mètres 11 centim. de tour. Un trou creusé au milieu de la partie supérieure annonce que cette pierre a servi de cippe à une croix. Elle a été taillée en rond avec assez de soin. La première fois que je l'examinai, j'eus la pensée que c'était une colonne milliaire; cependant l'absence de toute inscription, dont je cherchai inutilement quelque vestige, faisait naître des doutes dans mon esprit. Ils disparurent lorsque, quelque temps après, cette colonne ayant été arrachée, je pus voir, à environ 33 centimètres de sa base, une ceinture ou listel assez bien conservé, et m'assurer de sa longueur totale, qui est d'environ 2 mètres. Cette fouille était loin d'avoir pour but la destruction de ce petit et intéressant monument. C'était, au contraire, une recherche de médailles qu'on s'attendait à trouver au pied. Je crois que cette fouille a été sans résultat, et l'on a fait replacer la pierre comme elle était auparavant; en sorte que la ceinture dont j'ai parlé n'est plus apparente. Heureusement pour cette colonne qu'on ne construit plus d'écluses sur le canal, car elle pourrait y suivre la *Galoche de Gargantua*. Mais, pour parer à tout accident de ce genre, il serait fort à propos d'y placer, comme autrefois, une modeste croix de pierre.

Le village de la Noë-Violin est à 1,500 mètres à l'E. de notre colonne milliaire. On y a trouvé, en 1822, en aplanissant le sol d'une étable, environ 5,000 médailles renfermées, dit-on, dans un vase de forme antique. Le plus grand nombre parut être de Tetricus; quelques-unes de Posthume, de Victorinus et de Victorina. Je copie ici la note qui fut publiée lors de la découverte (1); car je n'ai point vu ces médailles, et je ne sache pas que le vase de *forme antique* ait été conservé. Au reste, il

---

(1) Voir *Mém. de la Soc. Acad. de Nantes*, 1823, p. 74.

est à présumer que ce sont ces mêmes médailles que M. Caillaud a fait passer à la Société Royale des Antiquaires de France, ainsi que le constate le rapport fait à cette savante compagnie en 1834. Il y a une faute d'impression dans le nom du village, qui y est nommé la *Boe* au lieu de la *Noë*, parce que les doctes parisiens ne connaissent pas ce dernier mot tout bas-breton et fort commun dans notre pays. Mais je ne doute pas de l'identité, et je me permettrai ici de faire observer à mon honorable confrère qu'il était assez inutile d'envoyer s'enfouir, dans les collections de Paris, ces médailles trouvées dans notre pays nantais : c'est tout à fait porter de l'eau à la mer. Il aurait mieux valu les garder à Nantes. Je sais fort bien qu'on pourra me répondre qu'il n'existe pas, dans cette grande ville, de musée archéologique où puissent être déposés les objets d'antiquité trouvés dans le département. Ceci n'est malheureusement que trop vrai, et on ne s'explique pas l'inconcevable préoccupation qui a fait rejeter l'excellent projet de notre savant confrère M. Guépin. Mais ce n'est pas une raison pour nous dépouiller, nous autres pauvres provinciaux, en faveur de gens qui ne savent que faire de leurs richesses ; et le plus sûr parti est de conserver, parce que, selon le proverbe, tout vient à lieu qui peut attendre, et qu'il n'est pas possible qu'un jour ou l'autre Nantes ne possède pas une collection d'antiquités départementales.

J'ai dit plus haut que la voie arrive en face du télégraphe, à la maison Jousneau, actuellement nommée *Pierre-Plate*, sur le bord occidental de la grande route de Nantes à Rennes. L'établissement d'un télégraphe annonce que ce point est fort élevé. On y commence à découvrir les tours de la cathédrale de Nantes et à descendre dans la vallée de la Loire. J'avais souvent remarqué que tous les paysans de la partie septentrionale du département, allant à Nantes, et arrivés en cet endroit, ôtaient leurs chapeaux et restaient découverts en récitant quelques prières le plus dévotement du monde. Je m'informai du motif de cette pieuse pratique, et j'appris qu'à Pierre-Plate on saluait ainsi, en l'apercevant, *le grand Saint-Pierre de Nantes* (la cathédrale). Ceci nous prouve l'antique vénération attachée à cette église; car cet usage remonte certainement à une époque fort reculée, et il se retrouve dans plusieurs autres localités. Je crois à propos d'en citer quelques exemples: 1. Les pèlerins qui, de Saint-Brieuc, vont à Montcontour, commencent, aux Granges, *à apercevoir le clocher de N.-D. et Saint-Mathurin. Là ils s'agenouillent,* et en font autant en s'en retournant (Habasque). 2. Le culte que les Mingréliens rendent aux images, est un culte d'idolâtrie... Le peuple, d'*aussi loin qu'il aperçoit l'église* où elles sont enfermées, *se jette en terre, se bat la poitrine...* (Prevost, *Hist. des Voy.*) 3. « ...... Enfin une dernière hauteur reste à dépasser; elle touche à Moscou, qu'elle domine; c'est le *Mont du Salut.* Il s'appelle ainsi, parce que *de son sommet, à l'aspect de leur ville sainte, les habitants se signent et se prosternent.* Nos éclaireurs l'eurent bientôt couronné. Il était deux heures: le soleil faisait étinceler de mille couleurs cette grande cité. A cet aspect, frappés d'étonnement, ils s'arrêtent, ils crient: *Moscou, Moscou!* » (Ségur, *Hist. de la Grande-Armée.*) 4. « De Southampton, lieu de son débarquement, le roi (Henri II) se dirigea vers Canterbury, et *du plus loin qu'il aperçut l'église métropolitaine, c'est-à-dire, à 3 milles de distance,* il descendit de cheval, quitta ses habits de soie, dénoua sa chaussure, *et se mit à marcher pieds nus sur le pavé rocailleux.* Arrivé dans l'église qui renfermait le tombeau de Thomas Becket, il s'y prosterna la face contre terre, etc. » (Aug. Thierry. *H. de la C. d'Ang. par les Normands*, t. 3, 282. *Vita Quadripart.*, L. 14. C. 7. *Math. Paris,* 130.) Voilà ce que mes lectures m'ont fourni d'analogue à ce que j'ai observé à *Pierre-Plate*, et je ne doute pas qu'on en puisse recueillir beaucoup d'autres exemples, qui tous s'appliquent à des lieux fort anciennement consacrés.

Le *palet* de Gargantua ne se retrouve plus à *Pierre-Plate.* Peut-être n'a-t-il existé que dans la tradition, fondée elle-même sur le nom de ce village.

La voie passait au pignon oriental de la maison *Jousneau*, et dans l'aire bordant la grande route, puis descendait côte à côte de cette même route, jusque vis-à-vis de la maison de la Bussonnière. Elle est fort difficile à suivre dans ce bas-fond, où la culture et la nature du sol l'ont fait à peu près disparaître. Mais on la reconnaît parfaitement à l'entrée de l'avenue du château d'Orvault, avenue remarquable par la jolie futaie qui en orne les deux côtés, et vient aboutir à la grande route. On peut même suivre la voie dans le champ placé entre cette avenue et la maison de ferme de Tour-Neuve, qui a été construite sur la voie même. Au-delà de Tour-Neuve, pendant plus de 2 kilomètres, la voie suit la grande route bord à bord et à l'ouest, et on peut en reconnaître d'assez nombreux fragments jusque vis-à-vis du moulin à vent de la Rochette, où elle coupait la route moderne à angle très-aigu, pour arriver à la maison de la Boissière, où j'en ai rencontré un morceau au-devant de la cour.

La voie délimitait les paroisses de Trelières et d'Orvault, depuis le moulin de Chamboüin jusqu'à une justice à trois poteaux qui était plantée sur la lande, close et défrichée il y a moins de soixante ans, vis-à-vis de la métairie de la Bigotière et à l'est de la grande route actuelle de Nantes à Rennes. Elle délimitait pareillement la même paroisse d'Orvault et une partie de l'ancienne paroisse de Saint-Donatien, depuis cette justice jusque vers la Boissière, que je viens d'indiquer comme passage de la voie romaine.

A un kilomètre au N.-E. du moulin de la Rochette, se trouve le village de l'*Angle-Chaillou*, nommé par syncope *Lan-Chaillou*. C'était un prieuré fondé vers l'an 1073, par Quiriac, évêque et peut-être comte de Nantes, comme le dit l'abbé Travers (*Hist. des Év. de Nant.* 1, 212.) On ignore si ce fut lors de cette fondation que fut construite la chapelle qui existait en ce lieu, ou si elle remontait à une époque antérieure, comme je serais tenté de le croire, parce que le choix d'un local pour un établissement religieux était presque toujours déterminé par le motif d'une précédente consécration, soit chrétienne, soit même païenne. L'exploration de ce village de l'Angle-Chaillou pourrait amener des résultats intéressants pour l'archéologie, et qui viendraient peut-être confirmer ma conjecture.

L'Angle-Chaillou est situé sur un mamelon de la rive droite du ruisseau de Gêvres. A 2 kilomètres au-dessous, sur la rive gauche du même ruisseau et à son embouchure dans la rivière d'Erdre, se trouvent les ruines du château de la *Verrière*, fort connues à Nantes sous le nom de *château de Barbe-Bleue*. C'est une enceinte carrée de 15 à 20 ares de superficie, défendue au midi par une pente abrupte de 30 à 40 pieds tombant dans le ruisseau de Gêvres ; à l'est, par la rivière d'Erdre ; à l'ouest et au nord, par des fossés secs d'une quinzaine de pieds de profondeur. Cette position naturellement forte avait été armée de murailles de 4 à 5 pieds d'épaisseur, dont il reste encore d'assez longs fragments. Ces murs, ainsi que ceux de l'intérieur qui formaient sans doute des appartements, n'ont nullement le cachet antique, et sont pour la plupart à mortier de terre. La porte donnait au nord et était probablement à pont-levis. Au reste, je n'ai remarqué l'emplacement d'aucune tour. Ce qu'était cette petite forteresse, on ne le sait pas bien. Ogée (art. *Saint-Donatien*), qui en a parlé le premier, rappelle une tradition qui veut que le seigneur de ce château eût des guerres fréquentes avec celui de Launay-Violet, autre place du même genre dont nous parlerons ci-après. Mais il se tait sur l'histoire de Barbe-Bleue, que le rédacteur n'aura pas, sans doute, trouvée assez philosophique. Edouard Richer a été moins dédaigneux dans sa description de l'Erdre. Il nous dit d'abord que le château de la Verrière était l'ancienne seigneurie de la paroisse de Saint-Donatien, et je ne sais trop où il a pris ce renseignement, qui me paraît extrêmement douteux; puis vient Barbe-Bleue, c'est-à-dire, suivant l'auteur, le fameux Gilles-de-Retz, dont il raconte l'histoire en abrégé, ayant soin de dire que les châteaux d'Ingrande, de Chantocé, de Machecoul, de Bourgneuf, de Pornic, de Princé, etc., etc., disputent à l'humble ruine de la Verrière le triste honneur d'avoir été témoin des crimes de cet homme niais et féroce tout à la fois. Quoi qu'il en soit, on a voulu confirmer la tradition de Barbe-Bleue, en plantant autour de l'enceinte sept arbres funéraires, en mémoire des sept femmes assassinées. Je ne sais si ces arbres ont prospéré depuis que Richer visita la Verrière; toujours est-il que je ne les ai pas distingués parmi les broussailles qui couvrent ces ruines, et ajoutent beaucoup à l'effet pittoresque qu'elles produisent.

Une remarque plus intéressante que ces traditions, c'est celle qui a pour objet une chaussée qui traverse la rivière d'Erdre vis-à-vis de la Verrière. Elle est connue de tous les bateliers, qui s'accordent à dire qu'elle est faite en pierres, soit maçonnées, soit posées à froid; qu'elle est à 4 ou 5 pieds sous l'eau, et d'une largeur de 8 à 10 pieds; qu'enfin il existe à la partie ouest de cette chaussée, c'est-à-dire sous la Verrière, une ouverture laissée pour l'écoulement des eaux de l'Erdre, et qui devait être l'emplacement d'un pont. Richer, en parlant de cette chaussée (*ibid.*, 20), dit que: « *C'est là que*

» *passait autrefois la route de Rennes, qui allait re-*
» *joindre celle de Paris, vers le bois de Saint-Georges,*
» *avant qu'on eût rendu praticables les vallées ma-*
» *récageuses du Pont du Cens.* » Mais l'auteur de la description de l'Erdre aurait dû avertir ici qu'il ne faisait que répéter une opinion sortie de la tête de ces demi-savants qui décident de tout sans avoir rien étudié. La vraie et ancienne route de Rennes à Nantes était la voie romaine que nous suivons depuis Blain, et que je vais m'efforcer de conduire jusqu'aux murailles gallo-romaines de l'ancien *port des Nantais, portus Nannetum*. Il suffit d'avoir une légère connaissance des lieux, ou même de jeter les yeux sur la carte de Cassini, pour reconnaître qu'il eût été absurde de faire traverser à cette prétendue route le large et profond marais de la Verrière, la rivière d'Erdre, et tout cela pour l'éloigner beaucoup de sa direction, en la portant à Saint-Georges, d'où elle eût fait un retour sur Nantes de plus de quatre kilomètres.

Il est, ce me semble, un moyen plus simple d'expliquer la construction de cette chaussée. Elle me paraît avoir été destinée au service de la petite forteresse de la Verrière, soit comme moyen de communication avec la rive gauche de l'Erdre, soit tout bonnement pour l'établissement d'un moulin sous le château. L'époque m'en paraît beaucoup plus difficile à fixer, car nous savons très-peu de choses sur la conversion de l'Erdre en une sorte d'étang, au moyen de la chaussée de Barbin, et il est presque impossible de connaître quand et comment la chaussée de la Verrière s'est trouvée submergée à une assez grande profondeur pour que tous les bateaux de l'Erdre et du canal de Nantes à Brest puissent franchir cette passe sans aucun empêchement.

Je ne dois pas omettre ici un renseignement que me fournit Richer (*ibid.*, 19) sur une découverte de tombeaux en dalles de schiste ardoisin tubulaire, faite en 1810 à moins d'un kilomètre au N. des ruines de la Verrière, dans un champ voisin de la métairie de la Haute-Gournière. On en trouva dix, qui, à l'exception de deux, ne contenaient plus que des débris d'ossements. Richer, n'ayant pas vu ces cercueils, ne les a point décrits. Je pense qu'ils étaient pareils à ceux qu'on rencontre en assez grand nombre dans la partie septentrionale du pays nantais, et qui sont formés de quatre grandes dalles de 2 mètres de longueur et au-dessous, et de deux petites qui ferment les bouts. L'enceinte de l'ancien *Chasteau-Sé, Castrum Seium*, où est placée la chapelle de Saint-Clair, en la paroisse de Plessé, en a fourni une quantité considérable, et il en reste encore un grand nombre. J'en ai parlé en décrivant la voie romaine de *Blain à Vennes par Rieux.*

Revenons, après cette longue digression, à celle de Blain à Nantes. On peut remarquer, en l'étudiant sur la carte, que sa direction générale est au S.-E., et qu'elle suit une ligne presque droite, dont elle s'écarte rarement et encore par des courbes presque insensibles. Des Breillas à la maison de la Boissière, la ligne peut être considérée comme droite, et cette observation nous autorise à donner à cette ligne une continuation dans la même direction; or, cette continuation nous mène droit au village de Petit-Port, en passant par la métairie de la Chauvinière, laissant à l'O. l'ancien prieuré de la Magdeleine, et à l'E. le château de Launay-Violet, dont le seigneur guerroyant est resté, comme nous l'avons vu, dans le souvenir des habitants du pays. La grande route actuelle a donc cessé de suivre côte à côte l'ancienne voie, et on l'a jetée dans les vallées du Pont-du-Sance et de la Barberie, dont il a fallu, à grands frais, adoucir les pentes et remblayer les profonds encaissements; et cela parce que l'accroissement de la ville de Nantes, dans sa partie occidentale, exigeait que la route y entrât sur un point différent et assez éloigné de celui où arrivait la voie romaine. Mais les habitants du quartier de la Magdeleine savent fort bien qu'une très-vieille route allait de chez eux à Nantes par le Petit-Port, et c'est encore par là qu'ils se rendent dans la vieille ville, parce que, disent-ils, *le chemin est plus court.*

Le Petit-Port est une maison qui appartenait, avant la révolution, aux pères de l'Oratoire de Nantes. Il y avait là une fondation religieuse dont on ne connaît pas la date. Il est situé sur le ruisseau d'Aulxence, mal écrit *d'Ussance*, du *Sance*, et plus mal encore du *Cens*, quoique cette dernière leçon soit adoptée généralement. Ce nom d'*Aulxence* se rencontre, comme nom de rivière, en haute Bretagne, dans le Maine et dans le Poitou. Ici il ne peut y avoir doute sur le véritable nom du ruisseau qui passe au Petit-Port. Les bénédictins collecteurs des Preuves de l'Histoire de Bretagne, I, 376, ont tiré du cartulaire de l'abbaye du Ronceray d'Angers une charte de l'an 1038, par laquelle Budic, comte de Nantes, donne à l'église de Saint-Cyr et Sainte-Julitte, de Nantes, la terre de *Bot-Garan*, nommée aujourd'hui *Bon-Garant*, située entre Orvault et Vigneux, sur la rivière d'*Alsence* ou d'*Aulxence*.... *Ego Budicus, civitatis Nannēticæ comes, et uxor mea Adoïs*.... *donavimus* BOIS GRAGUNDERRAM, *qui est inter* OISRALDUM *et* VIGNO, *suprà aquam* Alsentiæ *cum cultis et incultis et sylvis et pratis*, etc. Or, la chapelle de Bon-Garant est bien, en effet, située à très-peu de distance de notre ruisseau, entre Orvault et Vigneux, sur le territoire de la paroisse de Saulteron.

Dans une autre charte tirée des titres de la cathédrale de Nantes (*ibid*, 1, 414), l'évêque Quiriac donne à ses chanoines la dîme des moulins de l'Évêque, des droits sur les blés et des poissons de la rivière d'Erdre, entre le Mont-Foullon et Saint-Similien, et de toutes les écluses depuis l'embouchure de l'*Alsence* ou *Aulxence* jusqu'à la terre de Saint-Cyr... *Decimam insuper molendinorum Episcopi, annonæ et piscium, qui sunt in fluvio Erdæ inter Montem-Fullonis et Sancti-Similiani, et omnium exclusarum ab ore* Alsentiæ *usque ad terram Sancti-Cyrici*, etc....

L'ancien nom de ce ruisseau était donc évidemment *Aulxence*, latinisé au XI.[e] siècle *Alsentia*. On disait alors le *Pont-d'Aulxence*; puis, par un changement, encore très-usité dans nos campagnes, de l'*a* en *o*, on a dit le Pont-d'*Oul*xence ou d'*Ous*sence. On a cru que la première syllabe de ce mot, *Dou*, était la particule *Du* prononcée à la rustique, et les beaux parleurs ont cru faire merveille en disant le pont *du* Sence, faisant un substantif de la seconde syllabe du nom primitif. On a comblé l'absurde en écrivant le pont du *Cens* comme *cens*, rente seigneuriale et foncière, *census*. C'est ainsi que la véritable étymologie des noms de lieu se perd et devient fort difficile à retrouver. Je demande pardon de m'être encore livré à une nouvelle digression, fort inutile sans doute, et qui ne changera rien à la dénomination moderne du ruisseau d'*Aulxence*, par la grande raison du *sic volet usus* d'Horace. Mais je crois toujours bon de relever une erreur quand on le peut. Il en restera toujours assez.

Du Petit-Port ma ligne S.-E. amène la voie à Barbin, en passant près de Loc-Quidic, qui était aussi un prieuré ayant droit de quintaine et appartenant, avant la révolution, à l'archidiaconé de Nantes.

A Barbin, la voie rencontrait la rivière d'Erdre, qu'il fallait franchir pour atteindre la ville gallo-romaine, située sur la rive gauche et au confluent de cette rivière avec la Loire. Le lit de l'Erdre devait être peu large en cet endroit, et il était facile d'appuyer, soit une chaussée submersible, soit les culées d'un pont aux deux coteaux de roche qui ne sont séparés que par une distance de 100 mètres. Quelle qu'ait été la nature des travaux exécutés pour faciliter à la voie ce passage de l'Erdre, ils nous sont apparus sous la forme d'une chaussée, d'un barrage destiné à retenir les eaux pour donner le mouvement à plusieurs moulins qui existaient dès le XI.e siècle, ainsi que le prouve la charte de l'évêque Quiriac que j'ai déjà citée. Cette chaussée a été attribuée à l'évêque Félix, qui gouverna l'église de Nantes depuis l'an 549 jusqu'à 582. Je ne puis m'empêcher encore ici de m'écarter un peu de mon sujet pour essayer de combattre une foule d'erreurs qui se sont successivement accumulées, quand on a parlé des travaux que cet évêque a dû exécuter à Nantes. Vingt-huit très-méchants vers de Venantius Fortunatus, évêque de Poitiers, et l'ami du prélat nantais, ces vers dans lesquels le vague et l'obscurité le disputent à l'emphase, sont devenus le texte sur lequel chacun a brodé sa conjecture. Il paraît qu'Amaury d'Acigné, autre évêque de Nantes, avait, dans de longs écrits servant à la défense de son temporel contre le duc de Bretagne, en 1462, rappelé les grands travaux de son prédécesseur du VI.e siècle, et s'en était autorisé pour appuyer ses prétentions. Nous n'avons plus ces écrits, et Travers, qui les mentionne, ne nous donne aucun des détails de localité qu'ils pouvaient contenir. Il ajoute seulement que des bréviaires plus anciens qu'Amaury avaient déjà rappelé les mêmes travaux.

L'historien Pierre Lebault, qui écrivait à la fin du XV.e siècle, pouvait avoir eu connaissance, soit des légendes de ces bréviaires, soit des écrits de l'évêque; et c'est probablement des uns ou des autres qu'il aura tiré ce qu'il rapporte à ce sujet :

« Il (Saint-Félix) fist fouyr, dit-il, un parfond et » large fossé transversal de l'ancien cours de la Loire, » qu'il fist courir jouxte les murs de la cité, afin d'es- » chiver (éviter) le labeur des citoyens qui alloient » querir les marchandises jusqu'au fleuve. » (*Chap. X, Hist. de Bret.*)

Dans la première moitié du XVII.ᵉ siècle, le P. Albert Legrand, dans la vie de Saint-Félix (*Vie des SS. de Bret.*, 7 juillet), adopta l'opinion de Lebault, et y ajouta beaucoup, en s'autorisant des vers de Fortunatus, qu'il cite et qu'il paraît avoir interprété le premier : « Il » entreprit, dit-il, et en peu d'années paracheva un ou- » vrage non moins utile (que la cathédrale) pour la ville » de Nantes, que somptueux et de difficile entreprise ; » car il fist couler la rivière de Loyre près et joignant » les murs de la ville, qui, auparavant, avoit son prin- » cipal canal près Piremil ; creusa pareillement le lict » de la rivière d'Erdre, et y fist couler le petit fleuve » du Ceil, duquel encore une partie se jette dans la » Loire par la prée de Toüaré, et fit aussi dresser le » havre de Nantes, nommé *la Fosse*, où est l'abord » des navires et descharge des marchandises ; lesquels » ouvrages semblerent si admirables, que Fortunatus les » a célebrez par ces vers :

« *Cedant antiqui quidquid*, etc. »

Un siècle après le P. Albert, D. Lobineau (*Hist. de Bret.*, 1, 12) renouvela la mention des travaux de l'évêque Saint-Félix ; mais quoiqu'il invoque le texte de Fortunatus, il les borne à la dérivation du cours de la petite rivière du Ceil ou Sail, ajoutant « qu'on a cru » dans la suite que c'estoit le bras mesme de la Loire qui » lave les murs de Nantes, et que ce sentiment a prévalu » dans le XV.ᵉ siècle. » Nous verrons bientôt ce que le même bénédictin dit de ces travaux dans la vie de Saint-Félix.

On voit que d'abord il n'avait été question que de la

coupure prétendue faite entre la prairie de Mauves ou de la *Hanne*, et celle de la Magdeleine ou de la *Hienne*; puis, que le P. Albert y ajoute le creusement de l'Erdre et le redressement du port de la Fosse; mais l'abbé Travers ne s'est pas contenté de si peu. Il a repris le texte de Fortunatus; et, non-seulement il en a fait une très-mauvaise traduction, mais il y a ajouté un fort long commentaire dans lequel il s'évertue à ne rien laisser sans explication, et d'où il résulte que Félix a ouvert un canal entre les prairies de la Hanne et de l'Hienne, qui n'en formaient qu'une seule; qu'il établit, à l'entrée de ce canal, des pêcheries et des moulins qui existaient encore au XII.e siècle; qu'il ne passait à ces moulins que l'eau nécessaire à leur service; que cette quantité d'eau était si peu considérable, qu'on fut obligé de faire une autre coupure dans la prée de Gloriette pour amener l'eau à la Saulzais, coupure dont on voyait encore des vestiges au commencement du XVIII.e siècle; que Félix fit encore couper, un peu au-dessous de Chézine, une chaîne de hautes roches en forme de colline, et ouvrit ainsi un grand passage au flux venant de la mer et aux vaisseaux, pour entrer dans le port de la Fosse; qu'il établit un moulin à la porte de la Poissonnerie, avec un barrage et une chaussée; qu'il en construisit d'autres sur la rivière d'Erdre, à Barbin, au Port-Communeau, aux Halles; que chacun de ces moulins avait sa chaussée, et qu'il en résulta une suite d'étangs; enfin que l'infatigable évêque éleva des tertres, combla des fonds le long de l'Erdre, pour en resserrer le cours et le rendre plus droit et plus navigable. J'ai abrégé le plus que j'ai pu les longs développements de l'historien des évêques de Nantes, en conservant de mon mieux, sinon l'expression, du moins le sens. Mais j'avoue avoir omis tout ce qui concerne la réunion de l'Erdre à la Loire, parce qu'il m'a été impossible d'y rien comprendre.

Au reste, le petit nombre des personnes qui se sont donné la peine de lire les vers de Fortunatus, trouveront déjà, dans les faits rapportés et que l'auteur du commentaire donne pour constants, sans se livrer à l'apparence d'un doute, une moisson historique fort raisonnable, et ils admireront avec moi l'étonnante facilité avec laquelle on a fait sortir d'un texte inexplicable cette foule de détails locaux.

Quel que soit le peu de confiance que doive inspirer une élucubration sans critique et tout imaginaire, les explications données par l'abbé Travers n'en ont pas moins été adoptées par tous les écrivains qui ont traité de l'histoire de Nantes.

Ogée, t. 3, 18, art. *Nantes*, admet que Saint-Félix fit faire la chaussée de Barbin, pour rendre l'Erdre navigable ; c'est renchérir un peu sur Travers.

Guimar copie Travers sans le citer. *Annal. Nant.*, p. 31.

Huet de Goëtlisan, *Recherch. Statist.*, p. 22, reproduit le commentaire de Travers, sans le citer non plus. Il en adopte toutes les conclusions, et y ajoute qu'il serait possible qu'avant Félix les deux coteaux qui appuient la chaussée de Barbin, *fussent réunis ;* qu'il eût coupé cette montagne et construit la chaussée ; mais qu'on n'oserait pas l'affirmer. Il est fâcheux que l'auteur de la Statistique ne nous ait pas expliqué ce que seraient alors devenues les eaux de l'Erdre, retenues par cette montagne. Elles en auraient certainement, à la longue, atteint le sommet, et en seraient descendues en cascade; mais quelle inondation dans la vallée de l'Erdre, et quel service le saint évêque a rendu à ses malheureux habitants en tranchant cette montagne! En vérité, M. de Coëtlisan écrit infiniment mieux que l'abbé Travers, mais il n'a pas plus de critique que lui.

MM. Meuret, Lescadieu, Guépin, Mellinet, répètent, en l'abrégeant, ce qu'a dit Travers. Ils ont eu le bon esprit de n'y ajouter aucune conjecture nouvelle; et, comme c'est un usage presque général, on doit leur en savoir gré.

J'avoue que je ne m'explique pas comment tant d'hommes d'un savoir éminent ont pu se contenter des affirmations de l'abbé Travers. Ceci me prouve toute l'utilité qu'il y a à remonter aux sources historiques, afin de remettre sur le métier, en les étudiant avec soin, tant de questions tranchées si pitoyablement par la funeste manie de ne rien laisser sans explication, dût-on tomber dans l'absurde; et cette utilité d'examen est d'autant plus grande, que ces explications se répètent de siècle en siècle, parce que nos esprits paresseux se refusent au pénible travail de la vérification; et elles finissent par devenir, contre tout sens commun, ce qu'on veut bien appeler des *vérités* historiques.

Cette insouciance m'étonne d'autant plus, dans la question qui nous occupe, que, dès les premières années du XVIII.e siècle, le savant bénédictin D. Lobineau avait élevé, contre cette incroyable interprétation des vers de Fortunatus, les arguments les plus forts et les plus concluants. Mais où trouver cette dissertation? Quelques personnes pourraient l'aller chercher dans son Histoire de Bretagne, qui a encore quelques lecteurs; mais qui s'aviserait aujourd'hui d'ouvrir, pour la trouver, la *Vie des Saints de Bretagne*? C'est pourtant dans cet ouvrage, qui est fort loin de mériter de la part des Bretons une dédaigneuse indifférence, que, longtemps avant que Travers eût écrit, on avait battu en brèche le système qu'il a voulu réhabiliter, mais en gardant un silence sournois sur le passage décisif d'un livre qu'en sa qualité de bon janséniste il avait lu plus d'une fois. Voici ce passage :

« C'est l'opinion commune du diocèse, marquée même
» dans les leçons de l'office du saint (Saint-Félix), que
» ce fut lui qui fit creuser le canal qui est entre l'extré-
» mité de la plaine (la prairie) de Mauves et la pointe
» supérieure des prairies de la Magdeleine, et qui, pas-
» sant le long de Richebourg, du château et des murs
» de la ville, reçoit l'Erdre au-dessous du pont de la
» Saulzaye (pont de la Poissonnerie), et va faire le port
» de la Fosse, un des plus beaux de l'Europe; et il faut
» avouer que l'angle que fait le bras de la Loire au bout
» de la prairie de Mauves, où il tourne tout court à
» droite, semble favoriser cette opinion. Quiconque
» pourtant lira Fortunat avec attention, ne pourra jamais
» se persuader que ce soit d'un travail sur la rivière de
» Loire qu'il ait voulu louer Félix, puisque rien de ce

» qu'il dit ne peut s'entendre du canal dont il est question.

» Selon Fortunat, pour faire le nouveau lit de la rivière dont Félix détourna le cours, il fallut entreprendre deux choses : couper plusieurs montagnes ou collines, et faire une digue élevée comme une montagne dans le vieux canal qui fut comblé. C'est assurément ce qu'on ne peut pas dire du canal de la Loire qui baigne les murailles du château et de la ville de Nantes. On n'a qu'à ouvrir les yeux pour voir qu'il n'y a point eu d'ancien lit de rivière rempli par des montagnes artificielles, et qu'il n'y a jamais eu de montagnes à couper, ni de collines à baisser pour faire un nouveau lit. Le canal qu'on prétend avoir été fait par Félix, coule dans une prairie dont tous les bords sont fort bas, et où il n'y a jamais eu de hauteurs ; et ce canal est si large, qu'on ne peut douter, quand on y fait réflexion, qu'il ne soit naturel. Comment, d'ailleurs, la ville de Nantes aurait-elle pu se former, subsister et s'accroître, si le canal dont il s'agit n'avait pas été, dès le commencement, proche de ses murs, puisque, sans ce canal, la ville serait éloignée de plus d'un quart de lieue du lit de ce fleuve ? L'Erdre, qui pour lors était hors de la ville, n'est point potable ; ainsi les habitants, qui n'ont ni fontaines ni bons puits, auraient été dans la nécessité d'aller chercher de l'eau à plus d'un quart de lieue. Qui pourra encore s'imaginer que le port de Nantes fût à Pirmil, qui en est éloigné de près d'une lieue ? Et si l'on voulait dire que le port était au bord

» du canal qui est au-delà de la prairie de la Magde-
» leine, comment les vaisseaux y auraient-ils pu abor-
» der et décharger leurs marchandises en hyver, que
» toutes ces prairies sont inondées? La ville de Nantes
» n'aurait jamais été où elle est, si le canal n'y avait
» toujours été. C'est donc une erreur populaire de croire
» que Saint-Félix ait fait faire le canal de la Loire qui
» joint Nantes, dont on ne peut entendre les vers de
» Fortunat, quelque sens qu'on leur veuille donner, et
» dont néanmoins Fortunat n'aurait pas oublié de parler,
» si Félix avait fait cet ouvrage. »

Voilà certes d'excellentes raisons, et une sage critique; mais on est tout étonné de trouver à la fin de ce paragraphe si remarquable quelques lignes dans lesquelles le savant auteur paie tribut à la faiblesse étymologique, en trouvant dans l'épithète *celer*, employée par Fortunatus, le nom du ruisseau du Sail, que notre bénédictin écrit *Ceil* avec intention, et auquel il applique les vallées changées en montagnes, et les montagnes changées en vallées dont parle le poëte. Tous ceux qui connaissent la localité, rétorqueront contre cette opinion de D. Lobineau les mêmes arguments qu'il a employés dans le passage que je viens de citer.

Cependant, tout en rejetant les interprétations trop nombreuses et trop précises tirées par le P. Albert et l'abbé Travers des vers de Fortunatus, je dois avouer que, malgré leur obscurité et le ton emphatique du poëte, qui va jusqu'à dire qu'Homère aurait chanté Félix de préférence à Achille, et que cette préférence serait partagée par tous les lecteurs :

Cuncti felicem legerent, nullus Achillem.

j'avoue, dis-je, qu'on peut croire qu'il a eu dessein de célébrer quelques travaux exécutés sous l'épiscopat de son ami ; mais j'avoue aussi que, dans toutes ces exagérations, je ne puis voir autre chose qu'une œuvre excessivement vulgaire, la construction de quelques moulins à eau, sans qu'on puisse même en assigner avec certitude le véritable emplacement. C'est ce qui me paraît résulter assez clairement des quatre vers qui terminent la description des prétendues merveilles, et qui semblent s'appliquer à tout ce dont Fortunatus vient de parler :

Quæ priùs in præceps veluti sine fruge rigabant,
Ad victum plebis nunc famulantur aquæ.
Altera de fluvio metitur seges orta virorum,
Cum per te populo parturit unda cibum.

« Où les eaux se précipitaient à peu près sans fruit, elles servent aujourd'hui *à la nourriture du peuple ; une autre moisson d'hommes, sortie du fleuve,* se recueille, puisque par toi l'onde *enfante l'aliment destiné au peuple.* »

Pour construire ces moulins, il fallait former des chaussées ; or, pour élever ces chaussées, il aura fallu un grand apport de remblais : de là, *la vallée qui s'élève,* et la *montagne qui s'abaisse;* ces chaussées auront servi de passage : de là ce vers :

Et quo prora priùs, huc modò plaustra meant.

« Et dans le lieu autrefois sillonné par la proue, il ne passe plus que des chars. »

Tout cela, quoi qu'en dise Fortunatus, est un peu

moins intéressant que la colère d'Achille, surtout quand on réduit toutes ces belles choses à leur véritable valeur, et que, comme ici, la montagne tranchée enfante, non plus une souris, mais un moulin.

Dans une charte tirée des archives de Marmoustier, et datée de l'an 1138, l'écluse et les moulins placés sur le bras de la Loire nommé canal de Saint-Félix, sont donnés par le duc Conan au prieuré de Sainte-Croix de Nantes. *Sclusam sive doitum quem monachi inter Hanam et Hienam fecerant, et in quo medietatem habebam, totum illud cum molendinis et piscariâ, liberum et absolutum perpetuò possidendum donavi atque concessi.* D. Mor. pr. 1. 576. Ceci prouve que cette écluse et ces moulins existaient déjà depuis un certain temps; mais aussi qu'on les considérait comme l'ouvrage des moines de Marmoustier, et non pas de l'évêque Félix, dont on ne rappelle ni le nom ni la mémoire. L'abbé Travers, en parlant de cette donation (t. 1.er, 257), et ne pouvant contester un texte aussi formel, se rejette sur *la possibilité que les moines aient réparé les ouvrages de Félix, ruinés par le temps :* ce qui ne mérite pas une réponse. Quant au moulin qui existait entre la Saulzaie et la porte de la Poissonnerie, et que la ville acheta au XV.e siècle pour faire construire les deux tours de la Prévôté, je n'ai trouvé aucun titre qui nous apprenne à quelle époque remonte son établissement. Voilà donc les travaux de Félix sur la Loire, dénués de toute preuve admissible.

Il n'en est pas tout à fait ainsi des moulins qui existaient sur la rivière d'Erdre. Vers 1049, Jarnogon de

Pontchâteau, fils de Daniel, donna au monastère de Saint-Cyr de Nantes la moitié des moulins et de l'écluse, comme aussi la moitié de la pêcherie, qui étaient sous le même monastère dans la rivière d'Erdre. *Medietatem molendinorum et exclusæ cum medietate piscationis, quæ sunt sub ipso monasterio, in aquâ que vocatur Erda.* Or, il faut se souvenir que ce monastère de Saint-Cyr et ses dépendances s'étendaient jusque vers le cours Saint-André, depuis le mur gallo-romain qui, des Cordeliers, descendait à Saint-Léonard, et étaient bornés par l'Erdre vers le couchant. Au nord de ce petit territoire, était celui de Saint-André, qui était borné à l'est par la voie publique, qui du N.-O. de la cité conduisait à Saint-Donatien, placé au nord, et à l'ouest par la même rivière d'Erdre. Ce terrain et l'église de Saint-André, dont il dépendait, fut donné, en 1063, par Quiriac, évêque de Nantes, à ses chanoines. Voici les termes mêmes de la charte : *Ecclesiam quoque S. Andreæ cum terrâ ad illam pertinente, quæ terminatur ex unâ parte ipsa eadem via publica quæ dextro cornu* (l'angle N.-O. formé par les murailles gallo-romaines près de Saint-Léonard) *civitatis ducit ad Sanctum Donatianum, ex alia parte terra Sancti Cyrici martyris, ex tertia parte terra SS. Donatiani et Rogatiani, quarta parte fluvio Erdæ cum totâ illâ aquâ quæ decurrit juxta prædictam terram, ut habeant ibi licentiam ædificandi exclusas et construendi quidquid construi potest.*

Enfin, comme nous l'avons déjà vu ci-dessus, la même charte mentionne encore, comme faisant partie des immeubles donnés par Quiriac, la dîme *des mou-*

lins de l'évêque, de la rente en grain et en poisson qui sont sur la rivière d'Erdre, entre le *Mont-du-Foulon* et Saint-Similien, comme aussi de toutes les écluses depuis l'embouchure du ruisseau d'Aulxence jusqu'à la terre de Saint-Cyr. *Decimam insuper molendinorum episcopi, annonæ et piscium quæ sunt in fluvio Erdœ, inter Montem-Fullonis et Sancti Similiani, et omnium exclusarum ab ore Alsentiæ usque ad terram Sancti Cyrici.*

Voilà tout ce que les chartes recueillies par D. Morice, pour l'Histoire de Bretagne, nous offrent concernant la topographie de la rivière d'Erdre, dans le voisinage de Nantes. Nous y trouvons des moulins et des écluses dont l'emplacement est assez vaguement indiqué. Si nous remontons l'Erdre, à partir de la Loire, j'observe que rien, dans cette charte du XI.e siècle, ne paraît se rapporter aux anciens moulins des Halles, que le canal a détruits. Quant au moulin Harnois, qui existait près du Port-Communeau, il pourrait être compris parmi ces moulins de l'évêque, *molendina episcopi*, placés vers le territoire de Saint-Cyr, entre le Mont-du-Foulon et Saint-Similien, c'est-à-dire en aval de la chaussée de Barbin; car le Mont-Foulon était cette hauteur placée entre Barbin et Saint-Clément, ainsi que l'indique encore le chemin de Mont-Foulon, qui en a gardé le nom et qui conduit de Barbin à la rue de Saint-André, ou plutôt au chemin du Coudray, qui la continue. De ce point, remontant encore l'Erdre jusqu'à l'embouchure de l'Aulxence, la charte de Quiriac ne parle que d'écluses, et je n'y trouve pas la moindre mention expresse des moulins ni de la chaussée de Barbin. Parmi tous ces renseignements, le seul qui puisse nous porter à attribuer à Saint-Félix la construction de quelques-uns de ces moulins, c'est cette expression : les moulins de *l'évêque, molendina episcopi*, dont Quiriac se sert, et qu'il n'aurait pas employée, étant lui-même évêque et parlant au nominatif, si elle n'avait pas été dès lors un nom fort anciennement appliqué à ces moulins, et indiquant qu'ils avaient été bâtis par un évêque ou appartenaient à l'évêque de Nantes. Mais on conviendra que cette induction est fort légère, et très-loin de nous offrir aucune certitude; ainsi on peut dire que sur l'Erdre, comme sur la Loire, rien ne nous apprend d'une manière précise quels sont les moulins que Saint-Félix fit construire. C'est donc le plus gratuitement du monde qu'on lui a attribué la chaussée de Barbin, qui vient de donner lieu à cette longue digression, et à laquelle nous revenons pour continuer la description de la voie romaine à son entrée à Nantes.

Cette chaussée, qui, selon moi, a été, dans l'origine, fondée par les Romains, a subi de nombreux changements. Il est à croire que c'était d'abord une sorte de gué factice qu'on a successivement exhaussé, surtout à l'époque inconnue où l'on fit de l'Erdre un long étang, dont l'eau donnait le mouvement à des moulins qui appartinrent, depuis un temps immémorial jusqu'en 1752, aux évêques de Nantes. Il paraît qu'au commencement du XVI.e siècle on éleva encore la chaussée, afin de conserver plus d'eau dans l'étang, pour le service des moulins; car le roi François I.er, par son édit du 12 août 1545, ordonne au grand maître des eaux et forêts de faire baisser cette chaussée, « qui par cy devant re- » haussée a esté par les evesques de Nantes, et que par » luy elle soit reduicte aux bornes anciennes. »

Les moulins et la chaussée furent vendus, en 1752, pour 1800 liv. de rente foncière, par l'évêque Mauclerc de la Musanchère, à la communauté de la ville de Nantes, qui avait dès lors le dessein, en coupant la chaussée, de dessécher les marais de l'Erdre et de faciliter l'arrivage à Nantes de toutes les denrées apportées par les bateaux de cette rivière. Mais ce projet n'a été exécuté en partie que lors de la confection du canal de Nantes à Brest.

En aval de la chaussée de Barbin, jusqu'à la digue du moulin Harnois, placé près du Port-Communeau, il existait un marais connu sous le nom d'étang de Barbin. Ce marais s'étendait à l'est jusqu'au pied du Mont-Foulon, sur le sommet duquel se dresse la flèche de l'église de Saint-Donatien. Il était impraticable à tout passage, et ce n'est qu'en 1774 qu'on a commencé à construire, au travers, la levée plantée d'arbres qui conduit du bas du cours Saint-André à Barbin, en y apportant successivement les déblais provenant de l'aplanissement des deux cours, des fouilles des premiers hôtels bâtis sur la place Louis XVI, et des fortifications qui régnaient depuis la porte Saint-Pierre jusqu'à la Chambre des Comptes; et cette quantité considérable de remblais avait encore peu avancé l'ouvrage; car nous nous rappelons combien il en a fallu d'autres pour amener cette levée à l'état de perfection où elle est actuellement, et à soutenir le pavé qu'on y a posé.

Avant l'établissement de cette levée, on ne pouvait aller de Barbin à Nantes qu'en gravissant le Mont-Foulon, et en suivant, soit le chemin de ce nom, soit celui nommé de la Poudrière, à raison d'un dépôt de poudre qui y avait été établi.

C'était par l'un ou l'autre que se dirigeait la voie romaine ; mais je pencherais davantage pour le chemin de la Poudrière, qui, sur tous les plans, paraît être la continuation naturelle de la chaussée de Barbin, et qui, au lieu de déboucher dans la rue de Saint-André, comme il le fait maintenant, serait venu, par une courbe assez douce, passer près de l'antique chapelle de Saint-André, et de là se serait dirigé sur la porte gallo-romaine dont je vais bientôt parler.

On ignore à quelle époque fut fondée cette petite chapelle de Saint-André, dont une rue, une belle promenade et même un quartier de Nantes ont conservé le nom. Le P. Albert Legrand, de Morlaix, prétend, à la vérité, sur je ne sais quelle autorité, qu'un grec nommé Léon, évêque de Nantes au commencement du V.[e] siècle, et fort peu connu, ayant apporté de son pays des reliques de l'apôtre Saint-André, bâtit une chapelle en l'honneur du saint aux faubourgs de Nantes, pour y placer ces reliques, et qu'il y fut enterré en 442 ; mais je n'ai aucune confiance dans ce renseignement, dont l'abbé Travers et Ogée même n'ont pas fait usage. MM. Leboyer, Meuret, Mellinet, l'ont admis sans examen. Tout ce qu'on en peut dire, c'est que cette chapelle a été certainement fondée avant le X.[e] siècle. On trouve dans la chronique de Nantes publiée par les bénédictins bretons (D. Mor., pr. 1, 144), la donation qui en fut faite par Alain *er Bras*, ou Le Grand, à Foulcher, évêque de Nantes, vers les premières années du X.e siècle, le prince donateur étant mort en 907. Voici les termes de l'acte : .... *Conferimus omnipotenti Deo, Sanctorumque apostolorum ejus principi Petro, prætitulatam Sancti Andreæ abbatiolam, constructâ in honore ipsius ecclesiâ, cum omnibus utriusque sexus desuper manentibus, et cum omnibus rebus ad eamdem ecclesiam vel abbatiam pertinentibus, videlicet cum curte quæ vocatur* Migno *cum omnibus appendiciis.* — « Nous conférons à Dieu tout-puissant, et au prince de ses saints apôtres, la susdite petite abbaye de Saint-André, dont l'église a été construite en l'honneur du même saint, avec tous ceux de l'un ou l'autre sexe y demeurants, et toutes choses appartenant à la même église ou abbaye, savoir la court (ou jurisdiction) qui est appelée *Migno* et tous ses appendices. »

On se tromperait ici, si l'on prenait les *manants, manentes*, de l'abbaye de Saint-André, pour de vrais esclaves, qu'on pouvait vendre comme bœufs ou moutons. C'étaient des laboureurs attachés à la terre comme censiers, domaniers ou colons partiaires. On s'est souvent mépris à ce sujet, et j'en fais la remarque en passant.

L'abbaye de Saint-André était située hors des murs de Nantes, entre Saint-Donatien et le mur de la ville, sur la rivière d'Erdre ; .... *quæ est constructa extrà murum Nannetis, inter Sanctum Donatianum et murum civitatis, super fluvium Herdim.* Ibid. Chron. Nannet. La chapelle qui subsiste encore dans la rue Saint-André, au côté septentrional, est une reconstruction du XV.e siècle, servant actuellement de magasin.

Tout le terrain entre cette chapelle et le mur de la ville était, au XV.e siècle, couvert de jardins et de vignes, avec quelques maisons. C'est l'induction que tire l'abbé Travers d'un acte d'acquêt fait par la ville de Nantes, en 1449, dont il cite un extrait. La motte Saint-André était encore, en 1757, ainsi qu'on le voit par le plan de l'ingénieur Cacaut, levé en cette même année, un vaste terrain vague qui comprenait non-seulement le cours Saint-André actuel, mais encore tout l'emplacement occupé, de chaque côté de ce cours, par les élégants hôtels qu'on y a bâtis depuis, et qui, pour la plupart, sont dus au savant crayon de Ceynerai. Ce terrain était borné au midi par le fossé des ouvrages extérieurs de la porte Saint-Pierre; au couchant, par le mur gallo-romain en partie, et, en se rapprochant de l'Erdre, par l'enceinte nouvelle construite, en 1227, par Pierre de Dreux; au nord, par l'éperon ou bastion de la tour du Papegai, et, au levant, par le vieux quartier Saint-Clément. Ce ne fut qu'en 1770 que la communauté de ville vendit à M. D'Aux, gentilhomme du Maine, et fort riche propriétaire à Saint-Domingue, une partie de la motte Saint-André, faisant face au faubourg Saint-Clément, contenant 90 mille et tant de pieds carrés, à raison d'onze sols le pied, à la charge de déblayer la montagne de terre dont cet emplacement était couvert, et à condition d'y construire des hôtels ou maisons, avec des jardins, dont les façades sur le Cours, données par l'architecte de la ville, devaient être élevées en six ans.

Le déblaiement des terres commença le 14 mai 1770, avec hottes et tombereaux, dura trois mois et coûta environ 20,000 fr. Les terres furent jetées au bout du Cours, dans le marais d'Erdre.

Ce fut dans la même année 1770 que la communauté de ville fit un nouveau marché avec M. D'Aux, auquel elle donna 4,975 liv. pour démolir et déblayer la grosse tour du Papegaut, et le bastion adjacent, dont la pointe s'avançait vers la rue Saint-André, et qui était une construction du XVI.e siècle.

On a aujourd'hui beaucoup de peine à se figurer l'ancien état du beau quartier de la rue Royale, de la Préfecture, de la place Louis XVI et du cours Saint-André, même en ayant sous les yeux l'excellent et très-curieux plan de 1757; mais, si l'on se reporte au moyen âge, et si l'on remonte aux siècles de la puissance romaine dans les Gaules, on croira facilement que la voie a pu se diriger de Barbin sur Nantes, en formant, sans obstacle, la courbe que j'ai indiquée.

Nous touchons enfin à cette muraille gallo-romaine dont beaucoup de personnes ont pu voir l'un des derniers débris dans cette tour du Trépied abattue par M. Bossard du Parc, en faisant bâtir son hôtel de la rue Royale, n.° 7, en 1836. Entre cette tour et une autre dont le nom ne paraît pas avoir été conservé, existait une porte dont l'abbé Travers a vu, de son temps, les vestiges, ajoutant qu'elle ouvrait du côté de l'ancien cimetière de Saint-Cyr, et sortait sur la motte Saint-André, et que Guy de Thouars la fit fermer, quand il ouvrit la porte Saint-Pierre, au commencement du XIII.e siècle (1, 175 et 307). Travers cite à l'appui de ce dernier renseignement l'*Episemasie* de Biré, p. 80. Mais je dois dire que ce petit livre fort rare, ne contient rien de relatif à cette porte. Reste l'affirmation de l'abbé, qui en a vu les vestiges, et le plan de 1757, dans lequel ces deux tours sont marquées avec l'entre-deux où certainement était la porte.

C'est par cette porte que devait entrer à Nantes la voie romaine arrivant de Blain. Je n'insisterai pas davantage sur cette portion de l'enceinte romaine, entourant l'oppidum ou forteresse qui défendait le *portus Nannetum*. J'y reviendrai dans la notice archéologique où je m'occuperai de cette enceinte dans tout son développement.

Je ne sais s'il est besoin de dire, en terminant, que la voie de Nantes à Blain est un fragment de celle qu'on trouve marquée sur la carte de Peutinger, allant de *Portus Nannetum* à *Gesocribate*, par *Durerie, Dariorigum*, *Sulis* et *Vorganium*; que conséquemment elle fait suite à celle de *Blain à Vennes par Rieux*, que j'ai décrite dans ma *Notice des Voies du Morbihan*, 1841, in-18. J'ai déjà dit ailleurs que ma méthode n'était pas d'étudier les voies dans les itinéraires romains; mais, au contraire, de les rechercher sur le sol qui a conservé leur vieille empreinte, de reconnaître leur direction et de la tracer sur de bonnes cartes comme celle de Cassini; m'imaginant que si ce travail est bien fait, nous pourrons vérifier avec fruit les itinéraires, retrouver avec certitude une foule de localités dont l'emplacement est resté douteux, et enfin compléter ces documents qui sont loin d'avoir indiqué les nombreuses voies qui sillonnaient la Gaule en tous sens.

Blain, mai et juin 1844.

VOIE ROMAINE

DE BLAIN VERS SAINT-NAZAIRE,

PAR M. BIZEUL.

A un kilomètre de Blain, un peu avant le coin du parc ou la croix Mahé, cette voie s'embranchait dans celle de Blain à Nantes, à l'endroit même où la route de grande communication de Blain à Fay croise le vieux chemin rural de Savenay. Mais il est extrêmement difficile de l'y reconnaître, et, pour arriver à ce point avec la certitude de n'avoir pas perdu sa trace, il m'a fallu combiner la ligne formée par les différents fragments bien reconnus dont je vais bientôt parler. Je dois dire aussi, en commençant la description de cette voie, qu'elle présente, dans ses dimensions et dans sa confection, de notables différences avec les six autres voies, qui, comme elle, sortent de Blain. Ainsi elle n'a guère, y compris ses contre-fossés, que 30 à 36 pieds de largeur; et l'épaisseur de son agger, au lieu d'un mètre, n'en a guère que la moitié; enfin que, dans toutes ses parties, elle a beaucoup moins de solidité que les autres, et que par conséquent elle a dû disparaître dans tous les endroits qui ont été cultivés, et dans tous les bas-fonds où les alluvions l'ont recouverte, et où les eaux l'ont détruite en la ravinant. C'est une de celles qui m'ont coûté le plus de recherches, et je ne l'ai point encore suivie jusqu'à sa véritable destination.

A partir de l'embranchement dont je viens de parler, la voie suit le côté méridional du vieux chemin de Savenay, tantôt entrant dans les pièces de terre qui le bordent, tantôt en ressortant jusqu'au dessous des pièces de la Sangle, où elle retombe en entier dans le vieux chemin, pour aller couper, à angle très-aigu, la route départementale de Blain à Savenay, puis aller passer à gué le ruisseau du Pont-Maffré, à 200 mètres au midi du village de la Martinière. Après ce ruisseau, elle passe au nord du village de la Quarrée, et traverse diverses pièces dont l'une se nomme la pièce du *Grand-Chemin*. Elle en sortait pour traverser une petite lande tout près et au midi du village de Magoüet, et là j'ai pu, dans une longueur de plus de cent mètres, la reconnaître en son entier, avant que cette lande ait été close et labourée. Elle suivait parallèlement le chemin rural qui, du Pont-Maffré, conduit au moulin de la Roche. Au-delà de Magouët, elle se dirige sur ce moulin, au travers de plusieurs enclos, autrefois en lande, mais défrichés depuis une vingtaine d'années. Ce défrichement a fait découvrir la voie dans une longueur de plus de 500 mètres, et il en est sorti une quantité considérable de pierres de grès quartzeux (roche du lieu même) cassées à la grosseur du poing, et qui formaient son empierrement. Ces pièces se nomment le *Vieil-Aleud* et la *Roche-Daviais*, et sont situées au midi du village de la Simenaudais. Avant d'arriver au moulin de la Roche, la voie commence une courbe au travers d'un champ et de nouveaux enclos de lande, laissant au N.-O. le village de la Rabatelais, et au midi celui de la Camusais, au-dessous duquel elle franchit un assez gros ruisseau nommé d'Eff, qui se jette dans l'Isar ou le canal de Nantes à Brest, à une demi-lieue au-dessous de ce point. Il m'a été fort difficile de suivre la voie dans tout ce trajet; ce qui m'a guidé, c'est la rencontre d'un petit camp placé au confluent du ruisseau d'Eff et d'un autre arrivant du bourg de Bouvron, et nommé le *Bas-Bief.* C'est une enceinte de forme à peu près carrée, ayant environ 50 mètres de long sur 40 de large, et conséquemment une superficie approximative de 20 ares. Les fossés ou douves ont 4 à 5 mètres de largeur, et le retranchement en terre 3 à 4 mètres d'élévation à partir du fond du fossé. Ce camp est connu dans le pays sous le nom de *Chastelet*; il est couvert d'un bois taillis, et situé à deux cents mètres au nord du village du Clos.

A la jonction des deux ruisseaux et au-dessous du camp, une vieille chaussée, fort élevée et fort large, traverse leur lit devenu commun, en s'appuyant à l'O. sur le coteau où est le bois taillis de la Garenne d'Eff, et à l'E. sur le coteau de la Camusais, et prouve qu'il y avait là un étang vaste et profond qui devait défendre le Chastelet et remplir d'eau ses fossés. Cependant je ne puis croire que l'étang ait été fait à ce dessein. Je présume que c'était tout simplement pour l'établissement d'un moulin, comme il en existait et existe encore beaucoup d'autres sur le même ruisseau, dont l'eau est reconnue singulièrement propre à la foulerie des étoffes. Le camp du Chastelet n'était qu'un simple poste destiné à éclairer et défendre la voie romaine, qui en passait à une très-faible distance.

Elle devait ensuite passer dans le voisinage des moulins à vent d'Eff, laisser à l'O. le village de Borsac, traverser la gagnerie du même nom, passer au village du Doux, parcourir une très-petite partie de la commune de Fay, en passant à peu près par la Marchandais, et de là arriver à 500 mètres à l'E. du bourg de Bouvron, sur une petite lande, où les vestiges de la voie sont assez apparents pour qu'on puisse mesurer sa largeur, qui est de douze mètres entre les contre-fossés ou rejets, larges eux-mêmes de trois mètres. L'épaisseur de l'agger et des rejets n'est pas de plus d'un pied, et elle disparaîtra au premier défrichement de cette lande. Ce fragment, dont la direction est du nord au sud, est coupé par le chemin de grande communication de Bouvron à Fay, et n'est pas éloigné d'une croix de pierre de granit d'une forme ancienne. Il sort d'un bois taillis, et, après avoir traversé la petite lande dans une longueur de 200 mètres, il entre dans divers enclos où on a beaucoup de peine à en retrouver les traces, et se dirige sur le village du *Chastel.* Ce nom indique une fortification; et en effet j'y ai vu, dans les jardins au midi des maisons, les derniers restes des retranchements qui formaient une petite enceinte, à peu près de même grandeur que le *Chastelet* dont je viens de parler. C'était, comme lui, un simple poste destiné à éclairer la voie. D'autres remuements de terre se font remarquer au nord du village, et m'ont paru être les vestiges d'un fossé antique avec rejet, entourant un pâtis dans lequel se tenait, il n'y a encore que quelques années, une foire considérable, que l'intérêt de quelques cabaretiers a fait transférer dans le bourg de Bouvron. Cette foire a lieu le lendemain de la Saint-André, dont elle a conservé le nom, et ce nom lui avait été donné parce que, près de son premier emplacement, dans ce même village du Chastel, existait une petite chapelle consacrée au saint apôtre; construction tout à fait rustique, dont j'ai vu les ruines et une pauvre statue du saint, nichée au dessus de l'autel, attirer encore l'hommage et les prières des pèlerins. Aujourd'hui, ruines et statue, tout a disparu, et les pierres sont allées bâtir un nouveau presbytère. Quoi qu'il en soit, ce *Chastel*, cette chapelle, réunis dans un même emplacement, indiquent suffisamment que ce lieu fut très-anciennement habité, et la tradition populaire qui veut que la chapelle de Saint-André ait été le premier temple du vrai Dieu dans la paroisse, vient à l'appui de cette opinion.

Il faut dire toutefois que cette chapelle, qui ne conservait aucun style architectural, était bien moins ancienne que l'église de Bouvron, dans la nef et la façade de laquelle on reconnaît le style roman secondaire, dont il est resté fort peu de monuments dans le pays.

Au-delà du Chastel, la voie traversait diverses pièces cultivées, et entre autres la grande prairie de la maison du Verger, dans sa partie occidentale, puis, à l'O. et tout près des villages du Déharais et du Landron, allait passer dans le bois-taillis et les pâtures des *Nommerais*, et enfin sortait sur la lande de Moëre, à 2 ou 300 mètres à l'E. du village de Sordéac. Là on la reconnaît parfaitement. Son agger est plus convexe et ses contre-fossés sont plus marqués. C'est toujours la largeur de 12 mètres, mais ici on retrouve la couche supérieure en gravois ou cailloux roulés de quartz, dont les romains ont ferré toutes les voies sortant de Blain; et cet empierrement est tellement solide, que les petits chemins ruraux qui coupent la voie, n'ont fait que le mettre à nu, sans pouvoir l'entamer. C'est ainsi qu'on peut suivre très-facilement la voie sur cette immense lande de Moëre, jusqu'à l'endroit où elle coupe la grande route royale de Nantes à Vannes. Dans ce parcours de plus d'une lieue, elle forme une légère courbe pour éviter quelques bas-fonds, et sert de limite entre les paroisses de Bouvron et de Fay, et de Maleville et de Savenay. Elle laisse le clocher de Maleville à trois quarts de lieue à l'E., et celui de Savenay à presque égale distance à l'O.

A peu près au milieu des landes de Moëre, et au nord du bois du même nom, on remarque, sur une longueur de plus de 300 mètres, un gros retranchement en terre, armé d'un fossé, tiré en ligne droite. Ce retranchement conserve encore plus de 2 mètres d'élévation, et plus de 6 d'épaisseur à la base. Il ne paraît point avoir fait partie d'aucune enceinte fortifiée. C'est un de ces épaulements si communs sur nos landes de Bretagne, qu'une armée nombreuse pouvait élever en peu d'heures, pour se préparer à une bataille, dont ils me semblent garder le souvenir. Celui-ci, placé à peu de distance de la voie romaine, et dans une plaine très-favorable au développement d'une armée, me paraît réunir tous les caractères propres à l'usage que je lui assigne.

Au point où la voie coupe la grande route, entre les 31.e et 32.e bornes, mais un peu plus près de la 31.e, le creusement récent du contre-fossé m'a mis à même de bien observer la composition de son agger, qui a conservé ici à peu près toute sa convexité d'un demi-mètre, et sa largeur de 12 mètres. On a fait d'abord une levée peu épaisse du sol naturel qui, dans tout ce pays, est une argile teinte en jaune d'ocre ; puis on y a posé une couche de pierres concassées à petit échantillon, mais sans régularité de grosseur ; enfin sur cette couche on a étendu un empierrement en cailloux roulés de quartz qui a encore plus de 6 pouces d'épaisseur, et qui, dans l'origine, devait en avoir bien davantage.

La même convexité se fait remarquer après que la voie a coupé la grande route à peu près à angle droit, et cette convexité se continue dans une longueur de plus de 200 mètres au midi de cette route, et jusqu'au coin N.-E. du bois taillis nommé Bois-au-Monnier, et placé au sommet de cette longue colline qui court de Nantes jusqu'à Pont-château, et qu'on nomme le *Sillon de Bretagne*. Éloigné de la Loire d'environ deux lieues, ce sillon peut en être considéré comme le grand bord, au pied duquel les eaux du fleuve venaient battre à une époque qui échappe à l'histoire, et ont formé plus tard par leurs grasses alluvions cette riche vallée qui s'étend sur la rive droite, et sur laquelle, de tous les sommets du sillon, l'œil plonge avec ravissement. Au point où nous sommes arrivés, la perspective est magnifique. On commence à descendre le coteau au midi. La voie disparaît un peu sous le fossé du Bois-au-Monnier et se dirige vers le village de la Mainguais. Je ne l'ai point suivie au-delà de ce village, dans sa descente du coteau. Je présume qu'elle doit passer dans le voisinage des villages du Plessis et de la Gouérie, puis près du moulin de Belair, puis enfin arriver au-dessous du village du Brossay, à une demi-lieue au midi de Savenay, au point précis où, en 1822, il m'en fut montré un fragment qu'un paysan avait rencontré, en défrichant une lande. Une semblable découverte a été faite, en 1842, en pareille circonstance et dans le voisinage du même village du Brossay, et on m'a assuré que ce dernier fragment était empierré solidement et avec soin. C'est de ce voisinage que j'ai suivi la voie jusqu'à la métairie de la Forêt, où elle est très-apparente, et de là elle doit passer à l'ancienne abbaye de Blanche-Couronne, nommée seulement *Blanche* sur la carte de Cassini, et indiquée à tort comme un bourg, quand ce lieu n'est même pas un village.

Avant d'aller plus loin, je dois dire qu'à deux kilomètres au sud de la voie, en la paroisse de Boüé, on trouve un ancien manoir nommé le *Chastelier*, posé au milieu des marais, qui sont presque au même niveau que la Loire, sur une sorte d'îlot qui a pu paraître aux Romains un lieu favorable pour l'établissement d'un camp, dont le nom actuel conserve le souvenir. Le *Chastelier* était une maison noble qui appartenait, à la fin du XV.e siècle, à Guillaume de Louvedais, et relevait de la vicomté de Donges. Je n'en ai pas trouvé de mention plus ancienne.

A trois quarts de lieue plus loin que le Chastelier, et au midi du bourg de Boüé, existe, sur le bord de la Loire, un petit port nommé Rohar; c'est un village d'une vingtaine de maisons, dans l'est duquel on voit une chapelle dédiée à Sainte-Anne. Les habitants prétendent que Rohar était une ancienne ville, et montrent à l'appui de cette tradition, l'emplacement d'un vieux couvent. C'est apparemment d'après leur dire que Cassini a nommé ce village *la ville* de Rohars. Au reste, rien n'annonce cette prétendue antiquité, et la situation de Rohar sur un mamelon très-peu élevé des prairies de la Loire, dont les eaux l'entourent tous les hivers, était peu favorable à un établissement un peu important.

Il faut aussi dire un mot de Savenay, petite ville chef-lieu du 1.er arrondissement de la Loire-Inférieure. Ce n'est pas que nous y trouvions aucun débris romain, ni les restes de quelque enceinte fortifiée pouvant être en rapport avec la voie, qui n'en passe guère qu'à 12 ou 1500 mètres au midi. Mais je crois à propos de signaler la découverte qu'on y a faite, en 1840, lors de la démolition de la vieille église, de plusieurs cercueils en pierre qui m'ont paru dignes d'être remarqués. Avant cette démolition, il en existait un en granit en dehors de l'église, près de la porte du chœur, et il semblait n'avoir été placé en cet endroit que pour recevoir l'eau d'une gouttière. Enfoncé au niveau du sol, la partie des pieds était remplie et recouverte de terre, en sorte que je ne pus m'assurer s'il était entier. L'autre bout avait 2 pieds de largeur, et, dans son épaisseur, on avait pratiqué une échancrure demi-circulaire pour recevoir la tête. J'ai remarqué que cette échancrure existe dans presque tous les cercueils de granit que j'ai observés, tandis que je ne l'ai jamais vue dans ceux, beaucoup plus nombreux, en pierre calcaire. Les cercueils de granit sont rares, même dans les pays où, comme le nôtre, cette pierre est assez commune. Cela s'explique par la grande difficulté de les creuser.

Cette remarque doit faire considérer comme fort curieux un cercueil de cette espèce trouvé sous l'église de Savenay. Il est de la forme ordinaire et porte l'échancrure dont je viens de parler. Le bout dans lequel elle est pratiquée a 1 mètre de largeur; l'autre bout en a 19 pouces 1/2, et la longueur est de 5 pieds 3 pouces, le tout à l'intérieur. La profondeur est, à la tête, de 14 pouces, et aux pieds, de 11 pouces. L'épaisseur des côtés est de 3 pouces 1|2, et celle du fond de 11 pouces. On peut juger, par ces dimensions, du poids d'un pareil bloc. Le granit en est fort beau et m'a paru provenir du Temple ou de Vigneux. Il a été taillé avec soin.

La présence de cercueils en granit n'exclut pas ceux en pierre calcaire, et les fouilles faites dans la même église de Savenay en ont simultanément déterré un autre de cette dernière espèce. Sa longueur est de 5 pieds 9 pouces 1|2 de dehors en dehors; il a 27 pouces de large à la tête, et 13 pouces aux pieds. Sa hauteur est de 18 pouces. Il est revêtu à l'extérieur d'une ciselure à simples raies de 3 lignes de profondeur, disposées à peu près en feuilles de fougère. Je n'ai vu ce genre d'ornement que sur ce cercueil et sur celui de Saint-Fréard, dans le chœur de l'église de Besné, dont je parlerai ci-après. On m'a dit que les deux cercueils trouvés à Savenay étaient remplis d'ossements; mais ce renseignement est un peu vague, parce que, comme on enterrait autrefois dans les églises, on aura pu atteindre la profondeur où étaient ces cercueils, et y déposer d'autres ossements que ceux qu'ils contenaient d'abord.

Dans un champ au-dessous de l'église, près de la grande route de Guerande, en creusant les fondations d'une maison, on a trouvé, en 1845, un grand nombre de cercueils en pierre coquillière et deux ou trois en tuffeau des bords de la Loire. C'est la première fois que j'en ai rencontré de cette dernière espèce. Je les crois fort rares, au moins dans ce pays. J'aurais désiré qu'on en eût conservé un seul pour être placé au Musée archéologique de Nantes. Mais je n'ai pu obtenir cette faveur. Tous ont été brisés. Le cercueil ornementé de feuilles de fougère, dont j'ai parlé plus haut, a eu le même sort; et celui de granit est à vendre au premier venu qui voudra en faire une auge.

Le cartulaire de Redon donne un acte daté de la huitième année du règne de l'empereur Lotaire, c'est-à-dire de l'an 848, par lequel Aganfred et sa femme Warburga vendent à Convoïon, premier abbé de Redon, leur maison nommée *à cette fontaine Abion*, avec un pré et une vigne dans la paroisse de Savenay. *Mansionem nostram quæ dicitur* ad illam fontanam Abione, *cum prato et vineâ in conditâ Savannaco.* (D. Mor., pr. 1. 274.)

Le même cartulaire contient aussi une donation faite en 1060 aux moines de Redon, par Rodald, du Pellerin, de la quatrième partie de l'île d'Her; et cet acte fut fait à Savenay, *actum fuit apud* Saviniacum, du consentement d'Alveus, archidiacre de la Mée. (*Ibid.*, 1. 410.) D. Morice s'est trompé en disant en marge que cette île d'Her était celle de Noirmoutiero, à qui, en effet, le même nom a été donné dans plusieurs chartes. L'île d'Her dont il est ici question, est un îlot des marais de Donges dont nous parlerons bientôt, et qui a appartenu pendant longtemps à l'abbaye de Redon.

Ces deux mentions sont les plus anciennes que j'aie trouvées de la paroisse de Savenay.

Revenons à la voie romaine. J'ai dit que de la métairie de la Forêt, où elle passe et où elle a conservé toute sa solidité, elle paraît se diriger vers la vieille abbaye de Blanche-Couronne. Mais il est fort difficile, dans cette partie, d'en suivre le tracé, que la culture, les bois et la nature marécageuse du sol ont fait entièrement disparaître.

Cette abbaye est pourtant une sorte de jalon qui doit nous guider; car j'ai remarqué que la plupart des plus anciens de ces établissements religieux ont été placés dans le voisinage des voies romaines. Or, N.-D. de Blanche-Couronne est assurément de ceux-là, puisque son origine est inconnue. L'historien des évêques de Nantes, l'abbé Travers (t. 287), croit que sa fondation est bien antérieure à l'an 1160, époque que lui a assignée D. Morice (*Catal. Hist. des Abb. de Bret.*, p. cxij). Il cite, mais sans approbation, le *Calendrier ecclésiastique de Nantes* de 1748, qui fait remonter cette fondation à 960; les *Étrennes Nantoises* de 1748, qui la placent à l'an 1226; mais l'un et l'autre sans aucune preuve. L'abbé Travers ajoute que, dans l'ancien obituaire de cette abbaye, on la trouve souvent désignée sous le nom de *Douce Fontaine*, et il croit que ce nom lui venait d'une excellente source qui y coulait, et qui apparemment a disparu, car on ne l'y retrouve plus aujourd'hui. Il prétend aussi, mais sans indiquer aucune autorité, qu'elle portait encore le nom breton de *Coëtquen* ou *Coëtguen*, qui signifie *bois-blanc*, et enfin que le nom de *Blanche-Couronne* lui a été donné à cause du bois qui entourait la maison *en forme de couronne*. Le nom de Coëtquen me paraît douteux, et le bois qui forme une *blanche couronne*, et qui devrait plutôt en former une *verte*, est une étymologie puérile et fausse, puisque l'abbaye est entourée au midi et à l'ouest de marais, qui n'ont jamais été bois.

Quoi qu'il en soit, cette abbaye, qui, dans l'origine, fut de l'ordre de Cluny, puis de Cisteaux, puis de Saint-Benoist, et, au XVII.e siècle, de la congrégation de Saint-

Maur, avait été fondée pour douze religieux profès et quatre novices, à la charge de faire l'aumône ordinaire, tous les dimanches, mardis et jeudis, aux pauvres du lieu, et tous les jours aux pauvres passants, et de dire, chaque jour de la semaine, douze messes de *fondation*, c'est-à-dire pour le repos de l'âme des fondateurs; mais l'abbaye de Blanche-Couronne éprouva le sort de toutes les choses humaines. Le zèle se ralentit et le nombre de religieux manqua pour acquitter ces messes. Il paraît qu'au XVI.e siècle, il n'y avait plus que quatre moines, ainsi que le constatent les procès-verbaux de visite faits sous les évêques Antoine de Créqui et Philippe du Bec, cités par Travers; et, en 1767, un arrêt du conseil ordonna la réunion de Blanche-Couronne à l'abbaye-prieuré de Saint-Jacques de Pirmil, près de Nantes.

Ainsi se sont évanouies, comme tant d'autres, ces fondations pieuses que croyaient faire à perpétuité, et pour racheter leurs très-gros péchés, ces turbulents seigneurs de Pontchâteau, qui figurent au nombre des plus anciens bienfaiteurs de Blanche-Couronne, et qui probablement l'ont fondée. Trois chartes tirées des archives de l'abbaye, et recueillies par D. Morice, dans les preuves de son Histoire de Bretagne, I, 817, 838, 902 et 912, nomment comme tels le vieux Daniel du Pont (*Danihel de Ponte*), le plus anciennement connu de sa race, et qui vivait au commencement du XII.e siècle; Olivier, son fils; Eudon, fils d'Olivier, qui, partant pour la croisade contre Simon de Montfort et les Albigeois, *cruce signatus ad expugnandam hæreticam pravitatem peregrè profecturus*, se rend, en 1210, à Blanche-Couronne, et y restitue aux religieux l'île de Pullent, en Cordemais, que son père et son aïeul leur avaient donnée, et dont il s'était emparé ; puis, ce même Eudon, encore croisé, mais partant cette fois pour Jérusalem, *in Jerosolymis cruce signatus iter arripiens*, qui, en 1218, va encore à Blanche-Couronne et y confirme les donations faites par lui et ses aïeux ; enfin, Constance de Pontchasteau, fille d'Eudon, *Constantia domina Pontiscastri, filia Eudonis de Ponte*, en 1236, confirme aussi les mêmes actes de libéralité, et y ajoute le tiers de son fief de Launay ou l'Aulnaie, *feodum de Alneto*, qui, sans doute, faisait partie de la paroisse de la Chapelle-*Launay*, dans laquelle était et est encore située l'abbaye de Blanche-Couronne.

J'ai cru à propos de rappeler ici les plus anciens documents historiques sur l'abbaye de Blanche-Couronne, parmi lesquels on aura remarqué cette obligation de faire l'aumône à tous les pauvres voyageurs, obligation commune à la majorité des établissements religieux fondés au moyen âge, et qui s'explique par l'abondance des pèlerins et la rareté des gîtes. Ceci nous fait comprendre le motif pour lequel ces établissements ont été presque tous posés près des seules grandes routes qui existaient alors, et nous ramène naturellement à la voie romaine dont nous cherchons la trace.

A quatre kilomètres à l'ouest de Blanche-Couronne, dans la commune de Prinquiau, sur le bord méridional de la grande route de Savenay à Guerande, un peu avant la 44.e borne, on voit une enceinte circulaire d'environ 500 mètres de pourtour, qui a été autrefois cernée de gros retranchements en terre, dont quelques parties ont encore 5 à 6 mètres d'élévation, et d'un fossé de 6 à 7 mètres de largeur. Ces fortifications sont peu apparentes vers midi, où l'enceinte était défendue par le marais de Cesmes ou Sem. La grande route actuelle a été tracée sur une portion du rempart septentrional, et c'est en cet endroit, bord à bord et au nord de cette grande route, que j'ai reconnu, en 1840, un fragment de la voie parfaitement marqué et encore pavé, et que j'ai suivi plus de 200 pas à l'est, jusqu'à l'embranchement d'un chemin vicinal rural venant du village de Malnac. J'ai même cru reconnaître la voie dans des pièces de landes, au-delà de cet embranchement, situées sur la pente du monticule sur lequel est placé le village de Cesmes. Les habitants riverains ont fort bien remarqué tous ces vestiges de la route antique. Ils prétendent même qu'elle passait dans l'enceinte fortifiée dont j'ai parlé, ce qui n'est pas tout à fait exact ; mais il est vrai de dire qu'elle en rasait les fossés.

Cette enceinte, qu'ils connaissent aussi beaucoup, est pour eux le *vieux château* du Bois de Cesmes, dont le nom est resté à un village voisin. Ils racontent même que le seigneur du bois de Cesmes faisait souvent la guerre au seigneur de la Ramée (1), son voisin ; et c'est par ces batailles perpétuelles qu'ils expliquent la construction de

(1) Le manoir noble de la Ramée, en la paroisse de Prinquiau, appartenait, en 1450, à Guillaume de la Noë. Il passa par succession à Magdeleine de la Noë, mariée à un seigneur du Dréseuc, sa fille ou petite-fille ; puis, Jeanne du Dréseuc, fille de Magdeleine de la Noë, le porta dans la famille Charete, en épousant Escuyer Jean Charete, qui le possédait en 1569.

longs retranchements de 15 à 18 pieds de hauteur qu'on voit près du village de la Gourhandais, d'un côté, et du village de Cesmes, de l'autre. Tracés en ligne presque droite, ces retranchements ne forment point d'enceinte, et me paraissent un épaulement, comme ceux que j'ai remarqués précédemment sur la lande de Moëre.

A cent mètres au N.-E. du camp de Cesmes, et sur le bord septentrional de la voie, est un tumulus de 15 pieds d'élévation et de 180 pieds de circonférence à la base. Il est entouré de fossés de 8 à 10 pieds de largeur. On le nomme la *Vieille-Forge*. Je ne sais si c'est un véritable tumulus ou un poste ou vedette en avant du camp. Tous ces ouvrages militaires, rassemblés dans un même lieu, me font croire qu'ils ont été élevés pour la défense de la voie, qui a été tracée sur une langue de terre resserrée au nord et au midi par des marais impénétrables, faisant partie de ces immenses marais de Donges et de Montoir objet d'un procès presque octogénaire et célèbre, et qui pourront nous offrir quelques observations intéressantes, quoique les documents historiques qui s'y rapportent soient rares et peu explicites.

Nous avons reconnu la voie à la métairie de la Forêt, sous Savenay, et nous venons de la reconnaître encore près du camp de Cesmes. Un espace de six kilomètres sépare ces deux points; et, en tirant une ligne droite de l'un à l'autre, nous trouvons, sur cette ligne, l'abbaye de Blanche-Couronne : ce qui m'a fait dire, malgré le défaut de renseignements précis, que la voie devait y passer. Un quart de lieue à l'O. de l'abbaye, cette même ligne se confond avec la grande route actuelle, qui, près du village de la Haie de la Ferrière, quitte la direction de l'O. à l'E., et se relève un peu à l'E.-E.-N., de façon que ce changement de direction soit très-sensible. On en peut même juger parfaitement sur la carte de Cassini. On peut donc croire que, depuis la métairie de la *Forêt* jusqu'à cette bifurcation, on rencontrera des vestiges de la voie, et que, depuis ce même point jusqu'au village de Cesmes, on a tracé sur elle la route moderne pendant à peu près 2 kilomètres.

Ceci nous ramène au camp ou château du Bois de Cesmes, dont il ne me reste plus rien à dire, si ce n'est que c'est très-probablement de lui que Ogée parle dans son Dictionnaire de Bretagne, article Donges, bien que ce camp soit et ait toujours été en la paroisse de Prinquiau. « A trois quarts de lieue au N.-N.-E. de Donges, dit-il, près la route de Guerande à Savenay, se trouve la butte de Cesmes, très-remarquable par son point de vue... On aperçoit au bas des vestiges d'un camp que l'on dit être des Romains.... »

Engagée dans l'étroite langue de terre dont j'ai parlé, la voie, en se dirigeant à l'ouest, n'en pouvait sortir que par la chaussée de Cesmes, établie à un quart de lieue au-delà du camp, sur l'un des écours du marais, nommé l'Étier de la Taillée. Cette chaussée, d'environ 500 mètres de long, et s'appuyant à l'E. sur le territoire de la paroisse de Prinquiau, et à l'O. sur celui de Donges, ne peut rien avoir conservé d'antique, ayant été arrangée une première fois, quand on a tracé, de 1754 à 1760, sous le gouvernement du duc d'Aiguillon, la grande route de Savenay à Guerande; puis ayant reçu sous l'Empire quelques réparations incomplètes qui ne l'empêchaient point d'être fréquemment submergée et de devenir alors impraticable. Je n'ai pu me procurer aucuns renseignements sur son ancien état, antérieurement à la confection de la route. Tout ce que je puis dire, c'est qu'elle existait ; et je trouve dans un acte d'afféagement de l'ancien bois de Cesmes, en Prinquiau, fait par M. de Lopriac, seigneur de Donges, en 1746, la mention « d'un *grand chemin* » *public* venant du costé de Prinquiau, et traversant ledit » bois de Cesmes, pour sortir, vers le midi, sur *la chaus-* » *sée de Cesmes.* » Il me paraît évident que ce *grand chemin public*, ainsi désigné plus de 12 ou 15 ans avant la confection de la grande route, ne peut être autre chose que notre voie romaine, sur les vestiges de laquelle il s'était conservé un chemin fréquenté qui portait encore le nom de *grand chemin*, mais qui n'en avait plus les formes.

Après avoir passé la chaussée de Cesmes, nous entrons dans cette vaste tourbière parsemée d'îlots, qu'on nomme les marais de Donges et de Montoir, et qui a à peu près 4 à 5 lieues de diamètre. Je ne disserterai point ici sur la formation et les diverses mutations géologiques de cette sorte de golfe ou lac latéral placé à l'embouchure de la Loire. Je ne parlerai point de ces îles, où, dès le III.e siècle, les hommes du Nord vinrent fonder des établissements. Ceci mérite un travail particulier, et je dois me borner ici aux rares antiquités romaines qui s'y sont trouvées çà et là.

Au-delà de la chaussée de Cesmes, la voie romaine m'échappe ; c'est-à-dire, que je n'ai pas eu l'occasion d'en faire la recherche, et que je me suis procuré peu de renseignements sur les vestiges qu'elle a certainement laissés dans les paroisses de Donges et de Montoir. J'avais d'abord pensé qu'elle allait à Donges, où pouvait exister un port. Mais indépendamment de l'absence totale de débris romains dans cette localité, la direction de la voie, depuis la métairie de la Forêt jusqu'à la chaussée de Cesmes, me paraît se refuser à cette conjecture, et un examen attentif de la carte de Cassini, me porte à croire qu'elle se rendait à Saint-Nazaire, en passant au bourg de Monstoir et au pont de Méan, et qu'elle était destinée à mettre Blain en communication avec le *Brivates Portus*, soit qu'on place ce port vers Méan avec mon savant maître Athénas; soit qu'on le retrouve à Saint-Nazaire, à Guerande, au Croisic, ou dans tout autre lieu de cette presqu'île guerandaise où les Romains ont laissé les traces évidentes d'une longue occupation, et de laquelle je parlerai plus amplement en m'occupant de l'embranchement de voie romaine d'Herbignac vers Saint-Nazaire. Cet embranchement me paraît concorder singulièrement avec la voie que nous suivons : car si cette voie et l'embranchement viennent à se rencontrer en un même point, ce point sera de toute nécessité un établissement romain, et peu m'importera alors qu'on le nomme *Brivates Portus* ou autrement; content d'avoir bien déterminé cet établissement, je laisserai aux dissertateurs toute liberté de lui appliquer un nom. Au moins ne seront-ils pas exposés ici, comme ils l'ont fait tant de fois, à perdre leur érudition sur une ombre. Il me semble qu'un pareil résultat vaudrait bien la peine de faire avec soin la recherche que j'indique.

Après cette considération un peu hasardée peut-être, mais qu'il n'a pas tenu à moi de rendre plus précise, je vais parler de quelques points des marais de Donges ou, comme on le dit dans le pays, de la *Brière* (mot qu'il ne faut pas confondre avec *Bruyère*), où se sont rencontrés des débris romains.

J'ai trouvé des morceaux de tuiles à rebord au bourg de Besné. M. Bachelot de la Pilaye avait fait, quelques années auparavant, la même découverte. Ce bourg est situé à 6 kilomètres au sud de Pontchâteau, dans une île du marais, baignée à l'O. par la rivière du Bas-Brivet. C'est un lieu fort anciennement habité et célèbre par la demeure des deux solitaires Fréard et Secondel ou Second, qui figurent au nombre de nos saints bretons du VI.[e] siècle. Grégoire de Tours, *Vie des Pères*, ch. 10, en a parlé le premier. Il était leur contemporain, et dit qu'ils se retirèrent dans une île de la Loire nommée *Windunita*. Secondel, plus connu du peuple sous le nom de Saint-Second, mourut le premier. Fréard l'inhuma dans l'église de Besné, et y reçut lui-même, quelques années après, la sépulture. Les légendes reproduites par le P. Albert Legrand ont nommé cette église; mais comme elle est située à trois lieues de la Loire, le P. Lobineau a douté de ce fait, parce qu'il ne considérait pas Besné comme une île de la Loire, et qu'il n'y pouvait conséquemment retrouver l'île *Windunita* de Grégoire de Tours. M. l'abbé Tresvaux, nouvel éditeur et correcteur de la Vie des Saints de Bretagne, est tombé dans la même erreur, t. 1, p. 320, en note. Et tout cela parce que ni D. Lobineau ni M. Tresvaux n'ont fait attention que les eaux de la Loire inondent chaque hiver toute la *Brière*, et que les îles dont elle est parsemée, et au nombre desquelles est Besné, deviennent de véritables *îles de la Loire*. Le nom de Besné paraît pour la première fois dans une charte de 1090, par laquelle Hélias du Pont fait diverses donations en faveur du prieuré de Pontchâteau qu'il venait de fonder. *Do eis etiam quartam partem illius terre quam in insula que* BETHENE *vocatur juxta ecclesiam visus sum habere*. C'est dans cette même charte qu'on trouve aussi le don d'une écluse sur la rivière de Brivet, qui borne l'île de Besné à l'ouest : *Do eis item unam sclusam in aqua quæ Briva vocatur*. D. Mor. pr. 1. 473, tit. de Marmoustier. Dans une autre charte très-curieuse pour la topographie du diocèse de Nantes, donnée par Louis-le-Gros en 1123, l'ancien nom de *Vindunita* reparaît, et on ne peut méconnaître Besné dans cette désignation : *Vidunitam insulam Brivatæ fluminis*, parce que c'est l'île de Besné que la rivière de Brivet rencontre la première et entoure de ses eaux, en entrant dans la Brière; et qu'on ne croie pas qu'il y ait ici contradiction entre l'île *Windunita* de la Loire et l'île *Vidunita* du Brivet: je l'explique en disant que, dans les grandes crues d'eau, Besné est une *île de la Loire*, et qu'en été et dans les eaux moyennes, c'est une *île du Brivet*.

Ces explications me paraissent concluantes, et si elles ne se sont pas présentées à l'esprit de D. Lobineau, c'est apparemment que ce savant bénédictin ne connaissait pas le pays. Et ce qui me porte à croire que cette connaissance lui manquait, c'est qu'il semble ignorer que les tombeaux des saints solitaires existaient dans l'église de Besné ; circonstance qui devait lui prouver que l'île de

Besné avait été le lieu de leur pieuse retraite et celui de leur mort.

Ces tombeaux existent encore et continuent d'attirer de nombreux pèlerins. Ce sont deux cercueils de pierre calcaire de la forme de tous ceux qu'on rencontre en si grand nombre et en tant d'endroits, et qui ont été l'objet de tant de conjectures de la part des antiquaires, sans qu'elles aient amené un résultat bien satisfaisant. L'un d'eux, celui de Saint-Fréard, suivant la tradition, est décoré à l'extérieur d'une ciselure de trois lignes de profondeur, en simples raies disposées en feuilles de fougère; ornement assez rare sur ce genre de cercueils, et dont nous avons trouvé un exemple dans l'un de ceux qui ont été déterrés dans l'église de Savenay, et dont j'ai parlé ci-dessus. L'autre est, suivant la même tradition, la *châsse de Saint-Second*. Ils sont tous deux placés l'un au bout de l'autre, au fond du chœur, derrière le grand autel. Les bords en sont fort usés; et cela n'est pas surprenant, car, depuis treize siècles, les pèlerins s'y couchent dévotieusement, croyant, par cette pratique, obtenir la guérison des rhumatismes.

En outre de ce tombeau, Saint-Second a obtenu à Besné les honneurs d'une chapelle particulière, située à un quart de lieue au N.-E. du bourg, et une fontaine placée à quelque distance de la chapelle, lui a été consacrée. Cette chapelle est sans architecture, et la grotte fort ornée de la fontaine est une construction de mauvais goût du XVIIe siècle. Au-dessous de la fontaine, est enfoui, dans le petit ruisseau qui en sort, un cercueil en granit qu'on dit être encore la châsse de Saint-Second; il est beaucoup moins long que celui qui est placé dans l'église de Besné, et il porte au plus large bout une échancrure demi-circulaire faite pour recevoir la tête ; particularité que je n'ai rencontrée, comme je l'ai déjà fait remarquer, que dans les cercueils en granit.

Tous ces objets sont visités par les pèlerins, et il n'est pas jusqu'à un *dolmen*, placé dans un champ, près du bourg, qui ne partage leur vénération et leurs offrandes. C'est une petite table carrée supportée par quatre pierres, et nommée la *Pierre à Berthe*. Ainsi le culte des monuments celtiques se trouve encore subsistant dans cette localité reculée, malgré les nombreuses défenses et les anathèmes des conciles.

Au sud-ouest du bourg de Besné, se trouve l'île des Eaux, dont les habitants prétendent qu'elle était fortifiée, parce que, en creusant des fossés dans son pourtour, ils ont trouvé des débris de murs en briques. Cette tradition, recueillie par M. Athénas, est consignée dans un mémoire sur une épée de bronze antique trouvée, en 1785, à trente mètres à peu près de la partie méridionale de l'île des Eaux, à l'extrémité de la chaussée qui la réunit à celle d'Her. (V. *Lyc. Arm.*, vol. 11, p. 279.) Cette épée était enfouie sous une couche de tourbe de six pieds d'épaisseur, à peu près vis-à-vis d'un endroit où l'on assure qu'il existait un château, dont il ne reste aujourd'hui aucun vestige. Il est à regretter que les antiquités de cette île n'aient pas été explorées, et qu'on n'ait pas surtout déterminé la nature et l'origine de ces briques qui paraissent y exister en si grande quantité. M. Athénas croit que l'épée de l'île des Eaux est une arme romaine, quoique les

Romains se servissent ordinairement d'épées d'acier. Il s'autorise de l'opinion de Mongez et de l'analogie de la forme de cette épée avec celles qui sont encore figurées sur les colonnes Trajane et Antonine. Il rappelle, à l'occasion de cette épée, deux autres tout à fait pareilles trouvées aussi dans les marais de Montoir : l'une, longtemps avant 1790, qui faisait partie du cabinet de M. de la Pommeraye de Kerambaz, et qui se trouve au Muséum d'Histoire Naturelle de Nantes ; l'autre, exhumée en 1823 par les ouvriers employés aux canaux de la tourbière, et qui est au nombre des objets curieux recueillis par M. Transon, de Nantes. On ignore le point précis du marais où ces deux dernières épées ont été découvertes.

Il paraît que l'épée appartenant à M. Transon avait été trouvée avec d'autres instruments de bronze, dont parle aussi M. Athénas dans le mémoire précité. C'étaient d'abord trois matars ou hachettes à douille extérieure, et dont deux portant un anneau latéral ou belière ; puis deux bouts de lance de 4 et 6 pouces de long ; une espèce d'aiguille de 10 pouces de long, portant à la partie supérieure une boucle circulaire de 3 pouces et demi de diamètre ; enfin, un outil de 3 pouces et demi de long sur 6 lignes de diamètre, rond, portant d'un bout une douille, et de l'autre une gouge.

Cet accompagnement d'armes de bronze, dont une partie au moins (les matars) n'est certainement pas romaine, pourrait faire douter que l'épée elle-même eût cette origine que lui attribue M. Athénas.

La rencontre d'un autre dépôt de même nature, trouvé en 1842 au village de la Guesne, tout à côté de la même île des Eaux, en faisant construire un pont sur le Brivet, viendrait encore augmenter le doute. Il consiste en 1.° une épée de bronze tout à fait du genre de celles dont M. Athénas a parlé dans son mémoire, ayant 63 centimètres de longueur, y compris la poignée, longue de 8 centimètres et faisant corps avec la lame. C'est une arme d'une étonnante conservation. Elle n'a été attaquée par l'oxide en aucune de ses parties. Sa pointe et son coupant seraient encore fort dangereux. La poignée, percée de sept trous, dont trois dans la longueur de la soie, et quatre au haut de la lame, porte encore quatre clous rivés de 2 centimètres et demi de long; servant à fixer le bois ou la corne qui la garnissait. Cette poignée paraît courte, même pour une main ordinaire. Peut-être portait-elle à son extrémité un gland ou bouton arrondi, qui lui donnait plus de solidité dans la main. Une cassure fait croire que ce bouton a été brisé. La lame porte de chaque côté une nervure très-prononcée, allant de la poignée jusqu'au bout de la pointe. Cette épée a 4 centimètres de largeur au joignant de la poignée, 3 et demi un peu au-dessous, 4 et demi dans son milieu, au-dessous duquel elle va toujours en diminuant.

2.° Une autre épée en bronze d'une forme toute différente de la précédente. La lame en est beaucoup plus longue, puisqu'elle va jusqu'à 87 centimètres, ce qui, avec 13 centimètres de poignée, fait un mètre de longueur totale. Cette poignée est très-curieuse; elle a 7 centimètres de longueur de soie, et porte à son extrémité une sorte de fourche semi-circulaire, dont les deux branches sont terminées par des boutons ronds et aplatis. La hauteur de cette fourche est de 4 centimètres, et l'écartement moyen de ses branches, de 07. Il ne manque à cette poignée que le bois ou la corne dont elle était revêtue. La lame, d'une largeur moyenne de 3 centimètres et demi, porte, dans toute sa longueur, une nervure assez prononcée, accompagnée de chaque côté de trois rainures tracées parallèlement et très-près les unes des autres, mais peu profondément.

3.° Un matar, coin ou hachette en bronze, à douille intérieure, de 15 centimètres de long, sur une largeur de 3 centimètres et demi au corps et de 5 et demi au tranchant. Ce matar semble sortir du moule, dont il a gardé les bavures. On voit seulement qu'il a été aiguisé, et son coupant est parfaitement conservé. La douille descend presque jusqu'à ce coupant.

4.° Un pot en cuivre de 21 centimètres de hauteur, 23 d'ouverture et 11 de diamètre au fond. Il est renflé proportionnellement dans la moitié de sa hauteur.

5.° Deux épées en fer, l'une ayant encore la garde à la poignée.

6.° Deux fers de pique et un fer de flèche, en fer.

7.° Cinq coutelas de fer presque détruits par l'oxide.

8.° Deux cognées en fer.

9.° Une petite clef en fer.

10.° Deux étriers dépareillés, en fer, dont l'un parfaitement conservé.

11.° Cinq fers de chevaux de moyenne taille et un fer d'ânon.

12.° Trois anneaux en bronze.

Cette réunion de tant d'objets différents dans un même lieu, les uns en bronze et les autres en fer, est très-remarquable. Ceux de bronze sont d'une incontestable antiquité. Quant aux autres, j'avoue mon insuffisance pour rien décider à cet égard. Cette sorte de dépôt s'est trouvé à 1 mètre 60 centimètres de profondeur au-dessous du lit du Brivet, dans une vase mélangée de tourbe, à l'endroit même où une batterie de pieux qui paraissaient encore avant les remblais de la chaussée nouvelle, annonce l'existence d'un ancien pont. Ce passage de la Guesne, qui mettait les îles du territoire de Donges en communication avec Crossac, remonte à une époque inconnue, et s'est conservé jusqu'à nos jours par un bac, après la destruction du pont. On y fait aujourd'hui passer le chemin vicinal de grande communication de Donges à la Roche-Bernard. A deux kilomètres au N.-O. du passage ou du pont de la Guesne, existait, dans le bord du marais de Crossac, une vieille forteresse nommée le Château du *Lorieuc* ; qui appartenait aux vicomtes de Donges, et était encore, au XVI.ᵉ siècle, le chef-lieu de leur seigneurie. Il est actuellement entièrement ruiné et recouvert d'un bois taillis. Entouré du marais, une seule chaussée le réunissait à la terre ferme. Je n'ai pu juger du genre de sa maçonnerie, dont le mortier de chaux a acquis une excessive dureté. A quelle époque remonte la fondation de ce château? On l'ignore. Est-elle due aux Romains ou aux hommes du Nord, qui, dès le V.ᵉ siècle, occupaient les îles de la Loire? C'est une question difficile à résoudre.

Le château du Loricuc n'était point la seule position fortifiée dans le marais de la Brière. Nous avons vu qu'une tradition locale conservait, dans l'île des Eaux, le souvenir d'une antique fortification. Il en est ainsi de l'île d'Her placée à son levant, et qui n'en est séparée que par un bras du marais. Cette île d'Her, partie la plus septentrionale de la paroisse de Donges, et à plus de deux lieues de son clocher, renferme les ruines d'un ancien prieuré qu'on nomme encore vulgairement le *Château d'Her*. Ces ruines mériteraient un examen. Cette île d'Her est mentionnée dans plusieurs chartes du XIe siècle, tirées des archives de Marmoustier. La première, classée dans les *Preuves de l'Hist. de Bret.* de D. Morice, 1, 399, avant l'année 1050, nous apprend que Rodald le vicomte (de Donges), avec sa sœur Manzeri, avait donné à Lambert une pièce de terre (*terram*) nommée *Servereth*, située dans l'île d'Her; que Arscuit, vassal militaire (*miles*) de Rodald, et fils de Richard, tua Lambert, et que le vicomte Rodald redonna la terre de Servereth à cet Arscuit; qu'enfin, après la mort de Rodald, Friold, son fils et successeur, racheta cette terre d'Arscuit, et la rendit à Fulcon ou Foulques, fils de Lambert; duquel Fulcon, de son fils et de sa femme, le vicomte Friold la racheta, pour la donner, ainsi que tout le reste de l'île d'Her, à Saint-Martin, c'est-à-dire aux moines de l'abbaye de Marmoustier. Il ajouta, en faveur des hommes de l'abbaye, habitant à l'île d'Her, le pacage, dans le marais, de douze bœufs, de leurs chevaux et de leurs porcs. Cette donation fut faite du consentement d'Arscuit et de Mathias, frères de Friold, en présence de Daniel de Pontchâteau (*Daniel de Ponto*). J'ai cru devoir entrer dans ces détails, afin de bien démontrer que cette charte se rapporte à l'île d'Her, située dans les marais de Donges, de Donges dont Rodald et Friold étaient seigneurs, parce que nous verrons bientôt les savants bénédictins confondre cette île avec celle de Noirmoustier, qui, à peu près dans les mêmes temps, se trouve désignée sous le même nom d'*Her*.

Malgré la donation de Friold, qui paraissait donner toute l'île d'Her aux moines de Marmoustier, nous trouvons une autre charte (*Ibid.* 1. 410) extraite du cartulaire de Redon, et de l'an 1060, par laquelle Rodald du Pelerin (*Rodaldus de Peregrino*) donne à Saint-Sauveur de Redon, le quart de l'île d'Her, *quartam partem insulæ quæ vocatur Her*; et c'est ici que, dans une note marginale, les bénédictins collecteurs se trompent évidemment en expliquant que cette île d'Her était l'île d'*Her-Moustier*, depuis appelée Ner-Moustier. D'abord, Rodald du Pelerin était de la même famille que les vicomtes de Donges, et pouvait avoir droit comme eux à l'île d'Her; puis la donation est faite sous le gouvernement de Conan, comte de Nantes, *Conano comite Namneticam urbem gubernante*, du temps d'Érard, évêque de la même ville, et du consentement d'Alveus, tenant l'archidiaconat : *hoc donum annuente Alveo archidiaconatum obstinente*. Or, cet archidiaconat était celui de la Mée, qui comprenait une grande partie du diocèse de Nantes, et spécialement la paroisse de Donges, tandis que l'île de Noirmoustier n'a jamais été ni de cet archidiaconat, ni du diocèse de Nantes, ni de la province de Bretagne. Après une preuve aussi complète, il serait inutile d'ajouter que l'acte fut fait à Savenay : *hoc factum fuit apud Saviniacum*, localité voisine de Donges, si ce n'était pas l'une des premières mentions historiques de cette petite ville, dont j'ai déjà parlé ci-dessus.

Une troisième charte, tirée de Marmoustier (*Ibid.* I. 421), vient confirmer encore mon opinion. Les moines de cette abbaye et ceux de Redon firent, en 1065, une transaction sur un procès élevé entre les deux abbayes, qui se disputaient la possession de l'église de Béré; et, dans cet acte, on voit que l'une des conditions d'arrangement fut la cession, par Marmoustier à Redon, de l'île d'Her, au territoire de Donges... *terram quamdam obedientiæ Dongiensi pertinentem quæ insula Area dicitur... concesserunt.* L'abbaye de Redon a conservé le prieuré d'Her jusqu'à la sécularisation de ce prieuré, en 1630.

J'ai pensé, et le savant Athénas a partagé mon avis, que cette île d'Her et les autres îlots de la Brière faisaient partie de ces îles de la Loire, où Grégoire de Tours nous apprend que les hommes du Nord avaient formé des établissements dès avant le VI.e siècle, et qui, au IX.e, ont pu être encore le refuge des pirates normands. En lisant dans le *Chronicon Britannicum*, qu'après le sac de Nantes, en 843, les Normands, *naviguant par le lit de la Loire* jusqu'à l'île d'Her, y vinrent partager leur butin, *per alveum ligeris navigantes usque* HERIO INSULAM *regressi sunt...* nous avons cru que cette île d'*Hério* ou d'*Her* était celle des marais de Donges, et non l'île de Noirmoustier, beaucoup plus éloignée de Nantes, contre ce qu'ont pensé les bénédictins bretons et Édouard Richer. Une circonstance de cette retraite nous paraissait décider en notre faveur: une dispute survenue entre les Normands donna l'occasion à quelques-uns de leurs prisonniers de s'enfuir et de se cacher dans l'île, *per abdita insulæ*, dont ils s'échappèrent à mer basse, pour revenir à Nantes... *et mari retracto, de Herio insulâ exeüntes, ad urbem Namneticam venêre.* Nous soutenions qu'il était impossible que des captifs eussent pu, au IX.ᵉ siècle, franchir, même à mer basse, le goulet qui séparait l'île de Noirmoustier du continent, et qui n'est guéable que depuis le milieu du XVIII.ᵉ siècle, époque à laquelle un tailleur d'habits, dont on a gardé le nom dans le pays, s'y hasarda le premier ; et nous regardions comme une preuve de cette impossibilité l'état d'atterrissement progressif qui tend de jour en jour à combler la baie de Bourgneuf et en même temps le goulet dont nous parlons : goulet qui, avant cet atterrissement, et surtout à une époque antérieure de dix siècles, devait, par sa largeur et sa profondeur, ne présenter aucun moyen de le traverser à gué. M. Depping, *Exp. des Norm., note, p. 420*, éd. 1844, dit que les captifs se sauvèrent *à la nage*, et que le trajet n'était pas assez considérable pour les empêcher de le passer ainsi. D'abord, le texte de la chronique dit : *Mari retracto, de insulâ Herio exeuntes ;* ce qui donne l'idée d'un passage à gué, c'est-à-dire à pied, et l'un d'eux même emportait à son cou une bible renfermée dans une boîte. Et quant à la largeur de l'eau dans le passage, on peut voir sur la carte de Cassini, n.° 131, qu'à l'époque où cette carte fut dressée, l'eau moyenne entre N.-D.-du-Pé et Noirmoustier avait encore au moins deux kilomètres de large, et que, quand il en eût été ainsi au IX.ᵉ siècle, il fallait d'assez bons nageurs pour franchir ce détroit.

Au reste, il faut avouer que l'île de Noirmoustier portait, dans les anciennes chroniques et légendes, le nom d'*Her* ou *Herio* ; ce qui a pu donner lieu à confusion. Mais il me paraît au moins probable que les Normands ont pu aller partager leur butin dans l'une des îles de la Loire, où ils étaient établis; et l'opinion qui place ce partage à l'île d'Ier des marais de Donges, n'est peut-être pas aussi déraisonnable que l'a prétendu Éd. Richer, qui revendiquait chaleureusement, pour son île natale, une circonstance historique d'une assez médiocre importance, car quels lieux, sur nos côtes, les Normands n'ont-ils pas ravagés et occupés temporairement?

Une exploration bien faite dans la Grande-Brière ferait certainement découvrir plusieurs autres points fortifiés. Ogée, article *Montoir*, dit « qu'il y avait autrefois, au » milieu de cette brière, un château appelé de *Nisere* ou » de *Nessé*, dont il ne paraît plus de vestiges. » Il n'indique pas sa véritable position, et nul habitant du pays ne paraît en avoir entendu parler.

Après cette longue digression dans les marais de Donges, je vais reprendre la voie romaine à la chaussée de Cesmes, et, en attendant des renseignements précis sur sa direction réelle, je suivrai celle que je lui suppose jusqu'à Saint-Nazaire, en indiquant çà et là quelques points, qui, par leur antiquité, peuvent être considérés comme des jalons, qu'on ne doit pas négliger dans une recherche du genre de celle-ci.

Il est à croire que la grande route départementale de Savenay à Guérande a été tracée, au moins dans sa majeure partie, sur la voie antique, depuis la chaussée de Cesmes jusqu'à Saint-Nazaire. C'est donc cette route que je vais suivre et dont je vais explorer le voisinage. De la chaussée de Cesmes jusqu'à la maison de la *chaussée* de

Nion, placée sur un autre étier ou écours du marais nommé aussi l'étier de Nion, la route court sur le territoire de la paroisse de Donges, pendant à peu près 5 kilomètres, laissant à pareille distance, au midi, le bourg de Donges, placé sur le bord même de la Loire. Ce territoire forme une île de deux lieues de long sur une de largeur, et dont le prieuré d'Her occupe l'extrémité nord. Le P. Albert Legrand, *Vie des SS. de Bretagne*, donne aux églises de Donges, d'Oudon et de Cordemais une antiquité que rien ne justifie, quand il dit qu'elles ont été édifiées par un certain Arisius ou Arifius, prétendu évêque de Nantes en 368, que les bénédictins bretons et l'abbé Travers disent n'être connu que par quelques catalogues. La charte de fondation du prieuré de Donges, tirée des archives de Marmoustier, et placée par D. Morice, pr. 1, 435, sous la date approximative de 1070, nous apprend que Friold, vicomte de Donges, fonda ce prieuré près de son château de Donges, *juxtà castellum suum Dongium*, et qu'il accorda un lieu pour y construire non-seulement une église, mais encore un presbytère et un bourg qui devait être franc et quitte de toutes coutumes, c'est-à-dire d'impôts de diverses sortes; moyen assez bon pour y attirer des habitants. Ceci nous prouve qu'avant la fin du XI.ᵉ siècle il n'existait à Donges qu'un château, sur l'origine duquel nous n'avons aucun renseignement certain. Remontait-il à l'époque de l'occupation romaine, ou devait-il sa fondation aux hommes du Nord, qui, dès le V.ᵉ siècle, étaient établis dans les îles de la Loire, et s'y maintinrent pendant fort longtemps; c'est une question que je ne puis résoudre. Tout ce que je trouve dans les chartes, c'est que Rodald, père de Friold, et, avant celui-ci, seigneur de Donges, devait posséder ce château dans la première moitié du XI.e siècle, et que, vers 1125, Savaric, vicomte de Donges, encourut, par quelques méfaits qu'on ne nous a pas précisés, la disgrâce de Conan, comte de Bretagne, qui fit détruire son château. Il ne reste au bourg de Donges aucuns vestiges d'une place fortifiée.

La grande route départementale parcourt 5 kilomètres depuis le pont de Cesmes jusqu'à celui de Nyon. Dans cet espace, nous n'avons que peu d'observations à faire.

Le pont et la chaussée de Cesmes ont été construits récemment, côte à côte et au midi de l'ancienne chaussée, qui existe encore avec son empierrement, mais sans qu'on puisse y reconnaître, d'une manière certaine, les caractères d'un ouvrage romain.

A 2 kilomètres au-delà, sur le bord septentrional de la grande route, il existe une chapelle dédiée à Saint-Donatien, sur l'antiquité de laquelle je n'ai aucuns renseignements, mais dont il serait bon d'explorer la position et de recueillir les traditions.

Assez près de la 49.e borne, tout à côté et au nord de la route, un rebord ou contre-fossé très-apparent semble être celui de l'ancienne voie, dont un autre vestige encore empierré se remarque aisément, toujours au nord de la route, près d'une croix.

La maison de la *Chaussée* dont j'ai déjà parlé peut avoir reçu son nom, soit de la voie romaine, soit de la chaussée qui traverse l'étier de Nyon, sortant du marais de Montoir, et allant se perdre dans la Loire.

La chaussée de Nyon a été refaite en son entier, et à une

époque récente. A son bout occidental, la route moderne forme un angle assez prononcé en inclinant vers midi. Mais si l'on suit la ligne de la chaussée, on reconnaît un tronçon de chemin pavé, de plus de 100 mètres, conservant la même direction et remontant le côteau au travers du village de Drelic, qui ne se trouve pas sur la carte de Cassini. J'ai cru, dans ce fragment, reconnaître la voie antique, et il m'a paru se diriger en droite ligne sur Montoir, évitant ainsi la courbe assez forte qu'on a donnée à la grande route.

Après la chaussée de Nyon, nous nous trouvons dans une île à l'extrémité occidentale de laquelle est placé le bourg de Montoir, dont la paroisse, y compris Saint-Joachim, son ancienne trève, n'est composée que d'îlots disséminés çà et là dans la Brière, et qui, l'hiver, forment une sorte d'archipel. La chapellenie de Montoir, *capellania de Monstorio*, se trouve nommée dans l'acte de fondation du prieuré de Donges que j'ai rappelé ci-dessus. C'est la plus ancienne mention de cette localité. Ogée rapporte une tradition qui veut que la chapelle de Saint-Malo, située au village de Guersac, à 3 kilomètres au nord du bourg, soit plus ancienne que la paroisse. Cette chapelle mériterait un examen. Le même auteur ajoute « qu'en 1690, il y avait » à Monstoir un port de mer formé par un canal qui avait » flux et reflux. Il fut comblé par un ouragan qui enleva » tous les foins des prairies voisines et les transporta dans » ce canal. Le port de Méan n'était alors qu'un petit ruis- » seau avec un mauvais pont de bois et un droit de péage; » ils appartenaient l'un et l'autre au seigneur de Donges, » qui ne perçoit plus ce droit, parce qu'il n'a pas voulu

» contribuer aux frais du nouveau pont, rebâti en pierre, » avec trois arches, vers 1745. » Ce renseignement, bien qu'incomplet et inséré dans le Dictionnaire de Bretagne tel qu'il aura été envoyé au rédacteur, par une personne peu instruite, n'en est pas moins intéressant, puisqu'il indique un changement très-important survenu dans la topographie de Montoir, et annonce même une déviation notable dans le cours de la rivière de Brivet, qui se décharge aujourd'hui dans la Loire, immédiatement au-dessous du pont de Méan, à 4 kilomètres au S.-O. de Montoir. Il serait intéressant d'examiner la localité et de rechercher les vestiges de cet ancien port, surtout en se rappelant la savante dissertation par laquelle mon respectable maître et ami, M. Athénas, a prouvé qu'il fallait chercher le *Brivates portus* de Ptolémée dans le voisinage de l'embouchure du Brivet dans la Loire: dissertation trop peu connue, quoiqu'elle date de 1821 et qu'elle ait été insérée successivement dans le Lycée Armoricain et dans les Mémoires de la Société Royale des Antiquaires de France; mais qui n'empêche point qu'encore à présent beaucoup d'honnêtes géographes placent à Brest ce même port, par la grande raison que *Brest* et *Brivates* ont, suivant eux, une frappante analogie.

Je n'entends point toutefois affirmer que Montoir soit l'ancien *Brivates portus*. Je veux seulement appeler sur cette localité une exploration qui pourra avoir d'utiles résultats pour aider à la solution de cette question intéressante de notre géographie armoricaine.

Si l'on peut avec toute raison placer avec M. Athénas le *Brivates portus* dans le voisinage de l'embouchure de la Loire, quoiqu'on n'en connaisse pas précisément l'emplacement, il n'en est pas ainsi du *Corbilon* de Strabon, que M. Leboyer, d'après MM. Poignand (de Montfort) et Simonin, place à Montoir, par deux raisons ; d'abord, parce que *Corbilo* (comme le nomme M. Leboyer), placé *par les géographes latins* près de la Loire et de la mer, avait *autant de matelots que la ville de Marseille*, et que Montoir fournit un grand nombre de matelots; en second lieu, parce qu'un banc de sable, qui découvre à la basse mer, auprès de la prairie de Montoir, s'appelle le banc de *Bilho*, et que la ville voisine aura dû s'appeler *Kerbilho*, ou ville de *Bilho*, d'où *les Latins* auront fait *Corbilo*. Je réponds à cette conjecture : 1.° que le seul Strabon, *géographe grec*, a nommé *Corbilon*, et non pas *Corbilo*; mais qu'il ne parle en aucune manière du plus ou moins grand nombre de matelots de cet antique *Emporium*, et n'établit conséquemment aucune comparaison entre ce nombre et celui des matelots de la ville de Marseille. 2.° Qu'un banc de sable, à près d'une lieue de Montoir, s'appelât-il *Bilho* ou *Bilo*, et fût-il plus connu qu'il ne l'est, serait une base bien peu solide pour édifier un système que rien n'appuie par ailleurs. Qu'au reste, il ne s'agit point ici de *Bilo*, mais de *Corbilon*, parfaitement écrit et sans variante dans le texte grec; et de tout cela je conclus que cette conjecture, quoique émise par trois érudits fort respectables, n'est pas plus heureuse que celle de Valois et de Danville, qui ont placé la même ville antique à Couëron.

Dans tout le trajet de Montoir à Méan, pendant près de 4 kilomètres, la grande route moderne est tracée sur une chaussée qui a déjà peut-être porté la voie romaine, et qui traverse la vaste prairie de Montoir, dont le niveau n'est guère plus élevé que celui de la Brière qui la confine à l'ouest. C'était là que se trouvait jadis la principale ouverture de cette sorte de golfe, qui s'enfonçait dans les terres jusqu'à Herbignac, ayant à l'ouest la presqu'île guerandaise, et à l'est le Sillon de Bretagne.

Le pont de Méan est placé sur la principale branche de la rivière de Brivet; il était, dans l'origine, bâti en bois, ainsi qu'on le voit dans un compte du receveur de la vicomté de Donges du 4 octobre 1513. Les réparations en étaient faites au compte du seigneur. Il a reçu son nom d'un village dépendant de la paroisse de Montoir, situé dans une dernière île du marais, du côté de Saint-Nazaire. La charte de fondation du prieuré de Donges en fait mention. On y voit que le vicomte Friold donne à ce prieuré la dîme de la moitié de la mouture et toute la moitié des poissons du moulin Rainauld qui est en Méan : *de molendino Rainaldi qui est in* Miando, etc. Une autre charte de Marmoustier (D. Mor., pr. 1, 436), confirmative de la donation de Friold, nomme au nombre des témoins Guer de Méan et Bernier, fils de Loiseau de Méan : *Guer de Mean; Bernerius, filius Avis de Mean.*

A une lieue S.-O. de Méan, nous arrivons à Saint-Nazaire, où nous bornerons notre course, après avoir rapporté le peu de renseignements archéologiques qu'a fournis jusqu'à présent cette petite ville.

S'il en faut croire notre vieil Alain Bouchard, natif des environs du Croisic ou de Guerande, le Troyen Brutus, se rendant en Albion, qui, de lui, prit le nom de Bretagne, et étant parvenu à l'entrée de la Loire, « ficha ses ancres

» où a present est Saint Nazare et y fut par sept jours a » l'ancre, puis apres descendit a terre du costé du clos du » Rais (le pays de Retz, sur la rive gauche). » Voilà, je pense, une assez belle et antique illustration pour la rade de Saint-Nazaire. Il est vrai que le bonhomme Bouchard a un peu aidé à la lettre; car Geoffroy de Monmouth, dont il reproduit la fabuleuse chronique, et le roman de Brut, qui en est la traduction en vers français du XII.e siècle; ne nomment rien autre chose que l'entrée de la Loire. Je cite d'abord le texte même de Geoffroy : « *Veniunt ergo ad Aquitaniam, et ostium Ligeris ingressi, anchoras fixerunt. Morati sunt ibi septem diebus, situmque regni exploraverunt. Regnabat tunc in Aquitaniâ Groffarius Pictus*, etc. » (Édit. Ascens. 1517. in-4.o) Voici maintenant ce qu'en dit le roman, *vers* 793.e *et suiv.*

> Quant il murent des pors d'Espaigne,
> Lor oire tinrent vers Bretaigne;
> N'ert pas Bretaigne encor nomée,
> Ains ert Armorique appelée.
> A destre main Poitou laierent;
> Tant siglerent et tant nagierent
> Qu'il al rivage vinrent droit
> La ou la mers Loire reçoit;
> La ou Loire et la mers s'asamble
> Vint la Navie, ce me samble.

C'est apparemment de là que vient la tradition locale rapportée par Ogée, et qui veut que le château de Saint-Nazaire, dont on voit encore, dit-on, les vestiges près de l'église, qui occupe une partie de son emplacement, ait été bâti par ce Brutus, chef des Troyens fugitifs.

S'il fallait absolument assigner un Brutus pour fondateur de ce château, il serait un peu plus raisonnable de choisir Decimus Brutus qui commandait, contre les Venètes, la flotte que César avait fait préparer dans la Loire, et qui, avant de sortir du fleuve, a bien pu stationner dans la rade de Saint-Nazaire. Quoi qu'il en soit, on a trouvé, à un tiers de lieue au N.-O. du bourg, dans le même champ où est placé un monument celtique que visitent tous les voyageurs (1), une vingtaine de médailles d'Auguste, Claude, Néron et Vespasien. Cette découverte fut faite sous l'intendance en Bretagne de M. de Pont-Carré de Viarme, à qui l'inventeur fit remettre, ainsi qu'aux états de la province, quelques-unes de ces médailles, dont il garda une douzaine. Ogée, qui nous fournit ce renseignement, ne nomme point ce collecteur d'antiquités. M. Morlent, dans son *Précis sur Guerande, le Croisic et leurs environs*, 1819, nous apprend que des fouilles faites sous le même monument celtique que je viens d'indiquer, ont amené des urnes, des pièces de cuivre, d'or et d'argent. Mais il ne donne aucun détail

(1) Ce monument, connu dans le pays sous le nom des *Trois-Pierres*, est situé dans une pièce en friche dépendant de la métairie du Bois-Savary, à moins de deux cents mètres au nord de la grande route de Saint-Nazaire à Savenay. Presque tous ceux qui l'ont observé n'y ont vu que trois pierres, formant une sorte de porte, et on en a même fait un genre sous le nom de *Porticelle*. La vérité est qu'indépendamment des trois pierres encore en place, il en existe cinq autres qui ont évidemment fait partie du monument, et qui sont gisantes tout auprès. On observe même à son bout méridional un amas de terre qui pourrait bien en receler plusieurs autres.

scientifique sur ces objets, ni l'époque à laquelle cette fouille a eu lieu. Enfin, M. Bachelot de la Pylaie, qui, en 1836, fit une excursion archéologique dans les marais de Donges et à Saint-Nazaire, dit, dans le rapport verbal qu'il vint en faire à la Société Académique de Nantes, qu'il rencontra, parmi les tas de pierres amoncelées pour ferrer la grande route, des tuiles à rebord (qu'il nomme inexactement des *briques à crochet*), des morceaux de latères, des tuiles courbes (probablement des faîtières ou faîteaux), des morceaux de vases, des anses, une base d'urne cinéraire. Tous ces débris avaient été extraits d'un terrain nommé les *Praux*, situé entre l'ancien prieuré et le monument druidique, à l'endroit où, depuis, a été bâtie une fort belle auberge, nommée Bellevue, de son heureuse position. M. de la Pilaye s'y fit conduire, et n'y vit aucun reste de constructions hors de terre; mais il apprit qu'on y trouvait des fondements d'anciennes murailles; il y rencontra, parmi d'autres décombres, quelques morceaux de colonnes en tuf (tuffeau), ornées de moulures élégantes, dont il fit porter une partie à la mairie de Saint-Nazaire. M. de la Pilaye ajoute, d'après une tradition, qu'il existait jadis un château sur le terrain des Praux, et les débris qui en sortent lui font penser, avec raison, que ce château, ou tout autre bâtiment, devait être un édifice romain. Ce qu'on ne peut au moins contester, c'est que ces diverses découvertes, bien que peu nombreuses et incomplétement observées, prouvent évidemment la présence d'un établissement romain à Saint-Nazaire, dès les premiers temps de l'occupation de la Gaule, et tendent à confirmer ma conjecture sur la direction vers ce point de la voie romaine arrivant de Blain.

L'existence de Saint-Nazaire au VI.e siècle est attestée par Grégoire de Tours, *De Glor. Martyr.*, l. 1, c. 61. Voici ce qu'il en dit, d'après la traduction de l'abbé de Marolles :

« Il y a des reliques de Saint-Nazaire dans le diocèse de Nantes, en un bourg sur la rivière de Loire. Or, il arriva un jour qu'un homme dévot mit sur l'autel de l'église de ce saint, un baudrier d'or très-pur, artistement élabouré, avec tout ce qui en dépend, priant Dieu qu'il lui plust de manifester à son sujet la vertu merveilleuse du saint martyr. Lequel s'estant retiré, un Breton, officier d'armée, du nombre de ceux qui estoient employez au service de Waroch, comte des Bretons, y vint le premier avec luy, et osta de violence ce qui estoit joint avec le baudrier, et revint encore depuis pour demander le baudrier qu'il trouvoit à son gré. Mais le prestre de cette église n'y pouvant consentir, s'y opposa aussi de tout son pouvoir, et luy dit : ce sont icy des choses qui appartiennent à Dieu, lesquelles ont esté données au saint martyr pour le besoin des pauvres, afin que ceux là ne souffrent pas la faim, qui sont employez au service de ce temple, avec une dévotion fidelle. C'est pourquoy vous y deviez plus tost apporter que d'emporter ce que vous en ostez. Mais toutes les raisons du bon abbé ne servirent de rien pour adoucir l'esprit farouche de cet avare, qui, au lieu de modérer son impétuosité, ne s'en rendit que plus insolent, et entreprit de le menacer et de luy dire : si vous ne me rendez promptement le baudrier, vous mourrez tout à cette heure de ma main. L'abbé n'ayant pas la force de luy résister davantage, apporta le présent sur l'autel, où les saintes reliques estoient renfermées, disant : voilà ce que vous demandez ; si vous n'avez point de crainte de la puissance du martyr, emportez le hardiment, il sera, je m'asseure, le juge de tous les pas que vous ferez pour cela, si vous estes si hardy que d'emporter ces choses là. Mais cet homme n'ayant pas plus de crainte que de peur, emporta ce qu'il voulut ravir, et commanda qu'on luy tînt un cheval prest devant le parvis de l'église. A qui le prestre dit : jamais qui ce soit n'a eu l'audace de monter à cheval en ce lieu là. Donnez gloire à Dieu, je vous prie, et honorez le martyr, de peur qu'il ne vous en arrive du mal. Mais cet homme faisant peu d'estat des avis du prestre, ayant monté à cheval dans le saint parvis, comme il en voulut sortir, il toucha de la teste au linteau d'en haut de la porte, et tomba si rudement à terre qu'il se rompit le col ; d'ou ayant esté porté par ses gens en la maison d'un pauvre villageois, qui estoit tout contre, il y rendit incontinent l'esprit. Ce que Waroch ayant appris, il rendit les choses que celui-ci avoit prises, et y ajouta encore beaucoup du sien, par l'appréhension qu'il eut d'en recevoir du mal. »

J'ai cru à propos de donner ici textuellement tout ce chapitre de Grégoire de Tours, parce que l'anecdote locale qu'il renferme a été reproduite assez inexactement par le P. Albert Legrand, dans son catalogue des évêques de Nantes, et par Ogée, article *Saint-Nazaire*, sans que ni l'un ni l'autre aient indiqué l'ouvrage d'où cette anecdote était extraite. Ogée ajoute que le fait se passa en l'année 577, après la victoire de Waroch ou Guerech sur les Français. On voit que Grégoire de Tours n'en dit pas un mot, et ce ne peut être que pure conjecture de la part du rédacteur du Dictionnaire de Bretagne. Cette addition a certainement peu d'importance ; mais je la signale ici, parce que c'est ainsi qu'un grand nombre de points de notre histoire bretonne ont, de main en main, subi les augmentations les plus étranges; tellement qu'en remontant aux sources, pour les mieux apprécier, on a grand peine à les reconnaître.

Saint-Nazaire est encore mentionné dans l'acte de fondation du prieuré de Sainte-Marie du Pellerin, par Ruald ou Rouauld, du temps de Mathias, comte de Nantes, et sous l'épiscopat d'Airard, c'est-à-dire vers l'an 1050. Il y est nommé *Sanctus-Nazarius de* Sinuario. J'ignore quelle est au juste la signification de ce mot *sinuarium ;* je le prends pour un terme de la basse latinité, et j'imagine qu'il doit être le synonyme de *sinus*, golfe, détroit, courbure. En effet, l'embouchure de la Loire, resserrée entre les pointes de Saint-Nazaire et de Mindin, peut être considérée comme un détroit. D'un autre côté, Saint-Nazaire se trouve placé précisément à l'entrée de ce golfe latéral à la Loire, devenu cette *brière* tourbeuse et parsemée d'îlots dont j'ai parlé ci-dessus.

Dans ce même XI.e siècle, vers l'an 1080, Friold, vicomte de Donges, fils d'un Rodald, qui était peut-être le même que le Ruald que je viens de nommer, fonda le prieuré de Saint-Jean-Baptiste à Saint-Nazaire. Cette fondation fait l'objet d'une charte de l'abbaye de Saint-Aubin d'Angers, recueillie par D. Morice, pr. 1, 453. On y remarque qu'en faisant cette fondation, à laquelle il attache plusieurs immeubles, le vicomte retient tous ses droits de justice pour sa juridiction de Donges ; ce qui prouve que la paroisse de Saint-Nazaire faisait partie de la vicomté de Donges. Le prieuré de Saint-Jean, situé à un demi-kilomètre de Saint-Nazaire, sur la grande route de Savenay, est actuellement une métairie, et se trouve presque en face de ce champ des Praux d'où sont sortis les débris romains recueillis par M. de la Pilaye.

BIZEUL.

NANTES, IMPRIMERIE DE M.me V.e CAMILLE MELLINET. — 39,866.

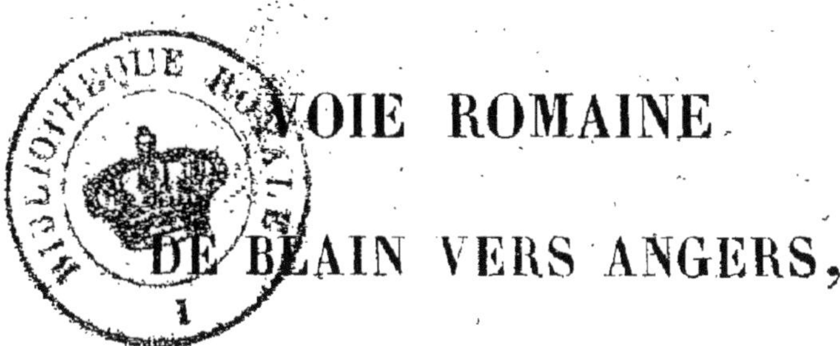

VOIE ROMAINE DE BLAIN VERS ANGERS,

PAR M. BIZEUL.

Cette voie sortait de Blain par la grande route actuelle (route royale de 3.e classe n.o 164, d'Angers à Brest), que nous nommons la route de Nantes. J'en ai vu, avant qu'on eût refait la route jusqu'au fond, un très-beau fragment, vis-à-vis le jardin de la Goupillais, jardin dans lequel on a trouvé récemment une quantité considérable de débris romains, briques, tuiles à rebords, poteries, murailles, etc. En descendant au pont de Courjon, et de ce pont au village de la Maczonnais, la route moderne était tracée sur la voie, dont on reconnaissait facilement les morceaux épars à leur solide empierrement en cailloux de quartz roulés, morceaux qui s'étaient conservés malgré les ornières profondes, qu'un passage de voitures, continué pendant tant de siècles, avait fini par creuser entre eux. Aujourd'hui tout a disparu sous une fort belle route.

Le tracé de la grande route sur la voie cessait à la Maczonnais. Celle-ci traversait ce village, où la couche des cailloux roulés s'était maintenue et peut encore se distinguer ; puis elle passait entre les maisons et le pressoir de la Tourotais, suivait au midi et parallèlement le chemin de Blain à Coëaux, pendant deux ou trois cents mètres, dans la petite lande de Belrun actuellement close et défrichée ; et, formant une courbe légère vers le N.-E., elle allait traverser les bois de Coëaux, entre ce village et celui de la Mainsonnière. La voie, fort apparente dans la lande de Belrun et ayant conservé son agger et même une partie de ses contre-fossés, entre lesquels elle a 93 pieds de largeur, devient plus difficile à suivre dans les bois de Coëaux ; mais le point où elle en sort en franchissant le fort affluent de la rivière d'Isac venant du Gâvre, est fort aisé à distinguer. Le bord de ce ruisseau étant assez escarpé, il a fallu, pour faciliter le passage de la voie, échancrer fortement ce coteau, et l'échancrure subsiste, à peu près comme si elle venait d'être faite. On ne peut dire si on passait le ruisseau à gué ou sur un pont. Des vieillards m'ont assuré avoir vu dans cet endroit des restes de charpente qu'ils prenaient pour ceux du pont. Ce qu'il y a de vrai, c'est que, depuis plusieurs siècles, il n'a existé là aucun chemin ; mais il faut dire aussi que les terres provenant de la tranchée dans le coteau ont servi à élever, dans le lit marécageux du ruisseau, une sorte de chaussée de 80 à 100 pieds de longueur et de 7 à 8 pieds de hauteur, qui a pu servir de culée de pont. Elle a, comme la voie et l'échancrure, une soixantaine de pieds de largeur.

Au-delà du ruisseau, on reconnaît le sillon ou agger de la voie dans les prairies à l'E. du village de la Mercerais, au sortir desquelles elle passe sous une petite chaumière, bâtie, il y a une vingtaine d'années, sur son empierrement. De là elle traverse le *pastis* de la Mercerais, et devient le chemin public rural qui conduit aux landes du Foué. Ces landes immenses, où se trouvent les limites communes des paroisses de Blain, Vay et Puceul, sont traversées par la voie dans la majeure partie de leur largeur. Aussi y est-elle fort connue sous le nom de la *Chaussée du Foué*. C'est ainsi qu'elle est désignée dans un titre d'afféagement de 1679, où elle est prise pour débornement du terrain afféagé. C'est dans les mêmes landes, un peu au-delà de la Relandière, que la voie commence une longue courbe qui la porte à peu près à l'E., direction qu'elle a conservée dans tout le parcours où je l'ai suivie. Le chemin rural dont j'ai parlé, continue sur la voie pendant au moins trois quarts de lieue, et prend, près de la fontaine Preslan, une autre direction. Là, la voie traverse quelques enclos, et, en en sortant, elle se développe sur la lande de *Clan-Garan*, dans laquelle elle sert de limite entre les paroisses de Vay et de Puceul. J'ai pu, dans cette lande, où la voie a conservé sa forme première, m'assurer qu'entre ses contre-fossés elle n'a pas moins de 70 à 80 pieds de largeur, sur lesquels l'agger en prend de 36 à 40, ce qui fait une notable différence avec les autres voies que j'ai observées, dont l'agger n'a guère plus de 20 à 25 pieds. Cette grande largeur que je n'ai retrouvée que sur la voie de Blain à Port-Navalo (V. ma *Notice sur les voies Rom. du Morbih.* 1841, p. 83), m'a fait croire que cette voie et celle dont je m'occupe, étaient la continuation l'une de l'autre, et que cette ligne, allant d'un port de la Bretagne armorique vers Angers, devait former une de ces grandes voies militaires dites *viæ consulares* ou *imperiales*, qu'il est surprenant de ne retrouver ni dans l'itinéraire d'Antonin ni dans la carte de Peutinger.

A deux kilomètres au N. du point où nous sommes parvenus, on m'a signalé, près de la maison du Souchay, en la paroisse de Vay, un camp avec retranchements en terre et fossés profonds et larges. Je ne l'ai point vu, mais comme il est assez rapproché de la voie pour être en rapport avec elle, j'en fais note pour qu'il soit examiné plus tard par moi ou par d'autres.

Ce qui m'a fait croire que la voie, depuis la fontaine Preslan, servait de limite aux communes de Vay et de Puceul, c'est qu'elle va passer, en sortant de la lande de Clan-Garan, entre les villages du Fayet ou Foyer en Vay, et l'hôtel Ferrand en Puceul. Elle ne laisse le Fayet qu'à quelques centaines de mètres au nord, puis traverse le bout septentrional du bois de Bot-Allard, et coupe aussitôt la grande route de Nantes à Rennes, à peu près à angle droit.

A trois quarts de lieue au nord de ce point, et près du bord oriental de la même grande route, est le village du *Chastellier*, dont le nom significatif mérite d'être annoté, quoique je n'aie pas vérifié s'il s'y trouvait des restes de fortifications.

Aussitôt après ce croisement, la voie arrive au village de la Menerais en Puceul, puis va passer au midi et à une demi-lieue de ce bourg, près d'un moulin à vent qui n'est pas marqué sur la carte de Cassini, et, après avoir servi de chemin rural pendant encore un quart de lieue, elle entre dans un pré, puis dans la gagnerie de la Censive, qui touche le village d'Augrain, en la commune de Saffré. Elle traverse ce village et deux ruisseaux qui s'y réunissent, monte au village de la Broussauderie, descend dans des prairies qui sont au-dessous, et franchit la rivière d'Isar, à 5 ou 600 mètres au nord du bourg de Saffré.

Il est fait mention, pour la première fois, de la paroisse de Saffré, en 1123, dans la charte par laquelle Louis-le-Gros confirme l'église de Nantes dans tous ses biens, à la prière de l'évêque Brice. Elle y est nommée *Saffriacum.* A un demi-quart de lieue au midi du bourg, dans une plaine à peu de distance de la rivière d'Isar, qui n'est encore là qu'un ruisseau, se trouve le château de Saffré, entouré de douves remplies d'eau, mais qui ne paraît pas avoir été autre chose qu'une maison fortifiée contre un simple coup de main. Ce château fut jadis la résidence des seigneurs de Saffré, qui portaient pour armes : *de sable à trois croix recroisetées au pied o fiché d'or 2 et 1, accompagnées d'un orle de même* (Leborgne). Cette maison de très-ancienne chevalerie, connue comme telle par preuves historiques, dès le XIV.e siècle (V. D. Morice, pr. ij. 102. 203. 204. 447.), existe encore en Basse-Bretagne et en Normandie, dans la descendance d'une branche cadette. La branche aînée, qui s'était alliée aux illustres maisons de Laval et de Chabot, tomba en quenouille, dans la personne de Jeanne de Saffré, dame de Saffré, qui porta cette terre dans la maison des Tournemine, barons de la Hunaudaye, en épousant, vers 1416, Jean Tournemine.

Après avoir traversé l'Isar, la voie va passer à peu de distance et au N. d'un moulin à vent nommé le *Grand Moulin*, puis entre peu après dans la forêt de Saffré. Elle est très-apparente sur la lande en deçà et au-delà de ce moulin.

Ogée, *Dict. de Bret., art.* Saffré, parle des ruines d'un édifice qu'on voyait dans la forêt de Saffré, et qu'on disait être le *Château du fief Robert*. Il est à regretter que cet emplacement n'ait pas été exploré. On y eût peut-être rencontré des restes de retranchements.

En sortant de la forêt de Saffré, la voie va passer tout près et au nord du village de la Haye-de-Tilly et de la chapelle de N.-D. des Langueurs, placée dans une lande, au point culminant où se séparent les eaux qui affluent dans l'Isar, et celles qui se rendent dans l'Erdre. Cette chapelle, dont l'architecture est loin d'être remarquable, est célèbre, dans le pays, par les nombreux pèlerinages qu'on y fait pour toutes sortes de maladies, ainsi que l'indique son nom. Ces pèlerinages prouvent que la sanctification de ce lieu remonte à une haute antiquité, et je ferai remarquer à ce sujet qu'un grand nombre de nos plus vieilles chapelles rustiques se rencontrent sur les voies romaines. C'étaient tantôt des hermitages, tantôt des aumôneries, où les voyageurs trouvaient un lieu de repos, dans les siècles où les auberges n'étaient pas encore connues, surtout dans les campagnes. On dit la messe dans la chapelle de N.-D. des Langueurs la veille du dimanche des Rameaux, et ce jour-là il y a affluence de pèlerins.

De la chapelle des Langueurs, la voie va, à travers diverses pièces nouvellement encloses sur la lande, franchir le ruisseau qui sort de l'ancien étang de Vioreau; puis, laissant au nord la forêt du même nom, et au midi les villages de la Bouchetière et de la Haye, elle coupe à angle droit la grande route royale de Nantes à Chasteaubriant, et arrive à l'étang du Pas-au-Chevreuil, sous les villages de Hauts-Bois et de la Brigatière.

Dans ce parcours de huit kilomètres, depuis la Haye-de-Tilly, qui est en la paroisse de Joué, la voie sert de limite entre cette paroisse et celles d'Abbaretz et de Melleray, passant à la distance égale de trois kilomètres du clocher de Melleray au nord et de celui de Joué au midi.

L'étang et la forêt de Vioreau, enclavés dans la paroisse de Melleray, ont pris leur nom d'un ancien château fort, qui était situé tout auprès et à l'E. de la chaussée de l'étang. Voici ce qu'en dit Ogée, qui en a parlé le premier (*Dict. de Bret., art.* Melleray) :

« Le château de Vioreau, maison seigneuriale, était » situé à l'entrée de la forêt, sur le bord d'un petit ruis- » seau. Il n'en paraît plus d'autres vestiges qu'une très- » belle cave, creusée dans le roc. Les habitants pré- » tendent, fondés sur je ne sais quel motif, qu'il y a » des trésors cachés dans la prairie qui s'étend aujour- » d'hui dans l'endroit où était placé ce château. Une dou- » zaine d'entre eux entreprirent, en 1774, d'y faire des » recherches, et travaillèrent pendant plusieurs nuits; mais » le dessein fut découvert, et l'on envoya, de Château- » briant, deux cavaliers de maréchaussée, qui empêchèrent » d'en poursuivre l'inutile exécution. »

Ce château, dont je n'ai retrouvé le nom dans aucune de nos chartes bretonnes, avait ce qu'on nommait autrefois droit de menée au présidial de Nantes. « La menée, dans » son origine, dit Ogée (*ibid.*, art. *Sené*), d'après notre » savant jurisconsulte Pierre Hevin, qu'il a le très-grand » tort de ne pas citer, n'était autre chose que l'obligation » que s'imposait celui qui recevait une seigneurie féodée, » de se trouver, avec tous ses vassaux, auprès du seigneur,

» lorsqu'il l'exigerait, sous certaines peines contre les dé-
» linquants. Cette obligation de *mener* ses vassaux à son
» seigneur, d'où est venu le mot de *menée*, ne se pra-
» tiqua d'abord que pour le service militaire, et ce ne
» fut que longtemps après qu'elle fut traduite à la jus-
» tice. Les grands vassaux ayant obtenu le droit de tenir
» trois ou quatre fois par an leurs plaids généraux ou
» grands jours de leurs jurisdictions, ils obligèrent leurs
» vassaux de s'y trouver, et d'y mener leurs hommes, avec
» défense à quiconque de s'en absenter sans congé du
» seigneur supérieur. »

Cette menée comprenait 80 paroisses, formant la partie N.-E. du diocèse de Nantes, et que délimitait à l'O. une ligne tirée de Nantes à la Vilaine, en renfermant dans la menée les paroisses de la Chapelle-sur-Erdre, Sucé, Grand-Champ, Héric, Fay, Bouvron, Quilly, Saint-Gildas-des-Bois, Guenrouet, Fégréac et Avessac dont Saint-Nicolas-de-Redon était alors la trêve; au nord l'ancienne limite du diocèse; à l'E. la province d'Anjou, et au midi la Loire. Camoil, petite paroisse du comté nantais, actuellement du Morbihan, et fort éloignée du territoire de la menée de Vioreau, en dépendait, je ne sais pourquoi.

Il y avait cinq autres menées dans le diocèse: la Roche-Bernard, l'Outreloire, Couëron, Retz et Nantes. Chacune avait un jour de la semaine qui lui était assigné: la menée de Vioreau se devait faire le lundi.

J'ignore ce qui peut avoir donné lieu au choix de ces sortes de chefs-lieux pour la menée des paroisses, et je ne m'explique pas spécialement ce qui a pu valoir au petit château de Vioreau et à sa modeste seigneurie de donner son nom à la menée la plus considérable du comté de Nantes.

A défaut de renseignements plus positifs, je rapporterai une tradition très-répandue dans les campagnes voisines, sur un ancien seigneur de Vioreau et sur sa femme.

Cette dame, qui paraît avoir eu des idées fort avancées pour son siècle, voulut un beau jour se défaire de son mari. Elle mit du poison dans sa soupe; mais un jeune marmiton nommé *Francholais*, parce qu'il était natif du village de Franchaud, en la paroisse de Joué, s'aperçut de la scélératesse; il prévient son maître, qui donne la soupe à un chien, et le pauvre animal crève aussitôt. La dame, furieuse, envoie en secret le marmiton à Nantes, pour le faire pendre. Mais le seigneur de Vioreau court après, en criant: Ne pendez pas Francholais, que le prince de Vioreau n'y *set* (soit). Il arrive à temps pour sauver son bon petit serviteur, à qui il accorda, sur sa demande, l'affranchissement de tous droits féodaux de son village de Franchaud. Quant à la dame, elle fut punie de la manière la plus singulière; son mari la mena au château de Blain, et là, dans la grande salle ducale qui existe encore, on la fit danser jusqu'à sueur complète, puis on la fit asseoir tout à nu sur les dalles humides. Elle gagna un rhume, mourut et fut enterrée dans le chœur de l'église de Joué.

Je demande pardon de cette trop longue digression; mais, tout en m'occupant de la géographie ancienne de notre province, j'aime assez y joindre quelques observations sur les antiquités du moyen âge, que je trouve sous ma main; antiquités qui ne sont pas toujours sans quelque connexion avec l'époque gallo-romaine.

Je reviens à la voie et je la reprends à cet étang du Pas-au-Chevreuil dont j'ai parlé plus haut.

C'est aujourd'hui, et depuis une vingtaine d'années, un étang desséché et converti, par les trappistes de l'abbaye de Melleray, en prairies et en terres labourables. Il faisait autrefois fonctionner un haut fourneau. On venait de le mettre à sec, lors d'une visite que je fis à ces religieux, qui nous stupéfient par leur vie austère, et causent à notre mondanité une inexprimable surprise. Le R. P. Antoine eut l'extrême complaisance de me guider sur les parties du terrain où il faisait exécuter de grands travaux, et, sachant que je m'occupais de recherches sur les voies romaines, il me conduisit dans cet étang du Pas-au-Chevreuil, et, à cent pas de la chaussée, à l'intérieur, il me fit remarquer un énorme sillon de rocailles, qui traversait l'étang dans toute sa largeur et était aussi fort apparent sur les deux rives. C'était un très-beau fragment de la voie, qui, pendant bien des siècles, a été submergé par les eaux de l'étang, dans sa partie la plus profonde, et, en le retrouvant à une si petite distance en amont de la chaussée, on ne s'explique pas bien pourquoi on n'a pas placé cette chaussée sur une base aussi solide, et qui était déjà élevée de presque deux mètres au-dessus du fond du ruisseau, qui passait en cet endroit. J'ai déjà fait remarquer un exemple analogue sur la voie de Vennes à Corseul : près de Jugon, elle est encore noyée dans le grand étang qu'elle traverse.

J'ai nommé l'abbaye de Melleray. Je ne puis en passer si près sans faire observer qu'elle doit être comptée parmi les nombreuses abbayes du XII.e siècle qui ont été placées dans le voisinage très-rapproché des voies romaines. Elle se trouve, en effet, avoir été construite à moins de 2 kilomètres de celle que nous parcourons. Voici ce que raconte le cartulaire de Melleray sur l'établissement de cette maison religieuse. Foulques, abbé de Pontron, *Pontis otranni*, en Anjou, envoya en Bretagne deux de ses moines, pour chercher un lieu propre à fonder une succursale de son abbaye. Après bien des courses dans la province, ils arrivèrent à Auverné et reçurent l'hospitalité chez le prêtre Rivalon, qui leur indiqua le vieux Melleray, *vetus Melereium*, et qui les y conduisit. Là, dit la chronique, rendant beaucoup de grâces à Dieu pour la douce solitude de l'hermitage, la large opacité de la forêt éloignée du bruit des choses du siècle, ils commencèrent à curieusement contempler et à admirer. *Ibique multas gratias agentes Deo pro venustâ heremi solitudine, largam opacitatem nemoris à strepitu remotam sæcularium, ceperunt curiosius contemplare et mirari.* Aussitôt ils allèrent trouver le seigneur du lieu, Alain de Moisdon, qui leur concéda l'emplacement désiré, avec la terre adjacente et la forêt. Ils n'y furent pas longtemps oisifs. Toujours prompts au travail, dit encore la chronique, et occupés à l'œuvre des mains, sachant bien que *rien dans cette vie n'est donné aux mortels sans grand travail*, ils ne cessaient, de hache et de cognée, d'abattre des bois dans la forêt, de remettre en ordre ce qui était dégradé, d'aplanir les chemins raboteux, d'acquérir des terres à la ronde, de cultiver ces acquisitions, d'étendre au loin leurs possessions. *Nec otiosa fuit longa ibi demorantium conversatio. Semper prompti ad laborem et in opere manuum occupati scientes qui a* nichil sine magno labore vita dedit mortalibus, *non cessabant in securi et asciâ dejicere silvam lignorum, prava facere in directa, et aspera in vias planas, terras per gyrum adquirere, excolere adquisitas, locum possessionibus dilatare.* Ces travaux continuèrent pendant une dizaine d'années; et, en 1142, Foulques envoya à Mellèray un couvent de moines, *conventum monachorum*, sous la conduite de l'abbé Guitern. Ce fut alors que l'on commença à construire le monastère et à jeter les premiers fondements de l'église. Les moines ne cessaient, ajoute la chronique, d'édifier et de planter, de cultiver les champs, de composer des jardins, de charger les ruisseaux en étangs, de fabriquer des maisons, d'accroître de jour en jour et de multiplier leurs possessions. *Nec cessabant edificare et plantare, colere agros, hortos componere, facere rivos in stagna aquârum, fabricare domos, crescere in dies et possessiones multiplicare.* C'est tout à fait ce que nous avons vu, en 1816, quand un nouveau couvent de moines travailleurs y fut amené par le R. P. Antoine. J'ai cru à propos de faire connaître, *sur pièces authentiques*, la manière dont s'établissaient, au moyen âge, ces monastères si diversement jugés dans nos temps modernes.

L'église de l'abbaye, probablement commencée vers 1142, resta longtemps en construction, et ne fut achevée et dédiée qu'en 1183. La cérémonie fut faite par Robert, évêque diocésain, et Guihenoc, évêque de Vennes. Cette église existe encore; elle était entièrement du genre roman, ce qui est assez singulier pour une construction de la dernière moitié du XII.e siècle. Les prétendues réparations que les trappistes y ont fait faire, ont entièrement gâté cette jolie église.

Les limites du terrain cédé par Alain de Moisdon à l'abbaye sont données dans le cartulaire que j'ai déjà cité, et dont voici le texte : *Et he sunt mete callis scilicet fontis de Tufeaus, et chiminus Bernardi et divisio Averneï et feodus Guihenoc.* Ce que je traduis ainsi : Le sentier de la fontaine de Tufeaus, le chemin Bernard, la paroisse d'Auverné et le fief Guihenoc.

De ces quatre débornements on ne reconnaît bien que la paroisse d'Auverné, qui est au nord de l'abbaye. Quelques personnes du pays pourraient retrouver la fontaine de Tufeaus. Je conjecture que le fief Guihenoc devait être à l'E., vers la forêt d'Ancenis, et appartenir aux seigneurs de cette puissante maison, dont quelques-uns ont porté le nom de Guihenoc. Quant au *chemin Bernard*, je suppose qu'il servait de limite au midi, et qu'il n'était autre que la voie romaine, que nous avons trouvée dans l'étang du Pas-au-Chevreuil. Bien avant le XII.ᵉ siècle, les voies étaient prises pour débornement des paroisses. Il ne doit pas paraître surprenant que celle-ci ait servi à délimiter un simple domaine. Nous retrouvons ce même *chemin Bernard* dans une donation faite à l'abbaye vers 1150, par Payen de Maidon. *Paganus de Maidon dedit monachis de Melcreio quidquid habebat ultrà* CHEMINUM BERNARDI *usque ad fileriam de Daille.* (D. Mor., pr. 1. 609.) Je ne sais ce qu'on entendait par le mot *fileria*. Les bénédictins bretons, dans le petit glossaire joint aux *preuves*, le traduisent par *filière, défilé, débouchement ;* mais je doute de l'exactitude de cette explication. Je ne connais aucune localité voisine de Melleray qui porte le nom de *Daille* ou *Daillé*.

Au-delà de l'étang du Pas-au-Chevreuil, les renseignements sur la direction de la voie me manquent presque entièrement. M. Vaugiraud, docteur-médecin à Nort, m'a seulement donné pour constant qu'elle allait passer à une lieue de là, vers le manoir de la Minaudière, entre les étangs de la Provotière et de la Poitevinière, ce qui nous porte à croire que dans ce parcours elle passe au nord du manoir de l'Isle et très-près du château de la Meilleraye, d'où elle longe, par le village de la Gibonnière, la rive droite de l'étang de la Provotière, vers la queue duquel elle franchit le petit ruisseau qui alimente cet étang, en lui portant les eaux supérieures de l'étang de la Poitevinière, situé dans la partie méridionale de la forêt d'Ancenis.

Au levant du village de la Minaudière, la voie doit raser la partie de cette forêt placée sur la rive gauche de ce dernier étang, et entrer, vers le village de l'Enclos, dans la portion de la même forêt nommée, sur la carte de Cassini, *Bois des Renardières*, qu'elle doit traverser pour aller passer très-près et au N. du bourg de Bonnœuvre.

La ligne que je suppose être suivie par la voie, depuis la Minaudière, laisse, à 3 kilomètres vers le N., la *Butte du Trésor*, située sur le territoire de la paroisse d'Auverné, et dont Ogée a fait mention ; voici ce qu'il en dit : « A une lieue un quart au sud-est de cette paroisse, est » une butte de terre fort haute qu'on appelle la Butte du » Trésor, sur laquelle on voit des vestiges de retranche» ments, *qui continuent sans interruption depuis les en-*

» *virons de Nozay jusqu'à Saint-Mars-la-Jaille; ce qui » fait une étendue de sept lieues.* Ces retranchements pa- » raissent avoir été faits du temps des Romains *ou des » premiers rois de Bretagne.* Il y a apparence que le nom » de cette butte vient de l'opinion qu'ont les habitants » de la campagne qu'elle renferme un trésor. Plusieurs y » ont fait des recherches inutiles. »

J'ai souligné dans cet extrait deux passages dont l'exactitude me paraît extrêmement douteuse. Cette ligne de retranchements *depuis Nozay jusqu'à Saint-Mars-la-Jaille*, n'a été reconnue par personne, et l'attribuer *aux anciens rois de Bretagne* est une opinion au-dessous de la critique, pour tous ceux qui ont un peu étudié la stratégie du moyen âge.

Quoi qu'il en soit, cette *Butte du Trésor* existe, et elle est accompagnée de retranchements : or, ces retranchements indiquent un ouvrage de fortification et annoncent l'un de ces grands travaux que les Romains seuls savaient et pouvaient exécuter. Il serait donc du plus grand intérêt archéologique d'explorer cette butte et d'en lever le plan. Son nom, comme le dit Ogée, rappelle une tradition de trésors enfouis, que j'ai trouvée attachée à un grand nombre de camps romains, et celui-ci, placé sur une élévation, à une faible distance de la voie, est d'autant plus digne de notre attention qu'il me paraît plus en rapport direct avec elle.

Il est un autre monument dont Ogée parle aussi (art. *Riaillé*), et qui doit se trouver dans le voisinage de la voie. C'est une vieille chapelle dédiée à Saint-Laurent, et dont les ruines se trouvent à l'un des bouts de la forêt d'Ancenis, en la paroisse de Riaillé. On croit aussi dans le pays qu'il y a là un trésor, et l'on prétend qu'on y a trouvé des pièces d'argent. Il est à regretter qu'Ogée n'ait pas indiqué d'une manière plus précise la situation de cette chapelle, qu'on cherche en vain sur la carte de Cassini. Il en est ainsi de la *Butte du Trésor*.

Dans un titre de l'abbaye de Saint-Florent, recueilli par D. Morice, pr. 1. 440, l'évêque de Nantes Quiriac confirme à cette abbaye la possession de l'église de Saint-Martin de Bonœuvre, sur la rivière d'Erdre. Cette charte est de 1073. C'est la première mention de cette paroisse : *ecclesiam S.-Martini in pago Nann. super fluvium Herdis quam* Bonovrium *vocant*. Bonœuvre est donc un lieu fort anciennement habité, et mériterait, à raison de sa proximité très-probable de la voie romaine, une exploration archéologique.

Il en est ainsi du bourg de Saint-Mard-la-Jaille, situé à une petite lieue à l'E. de Bonœuvre. On écrit généralement Saint-*Mars* ; c'est une faute, parce que le mot *Mard* est la contraction de Médard ; et ce qui le prouve c'est que là, comme en presque tous les autres endroits portant la même dénomination, l'église est placée sous le patronage de *Saint-Médard*. Le surnom de *la Jaille* a été porté par une famille qui n'a pas été sans illustration en Bretagne, et dont la branche aînée se fondit par mariage dans la maison de la Porte-de-Vezins, en Anjou, vers la fin du XIVe siècle. La branche cadette subsista jusque dans la première moitié du XVIe siècle, époque à laquelle elle se fondit aussi, par les deux mariages successifs de Marguerite de la Jaille, dans les maisons Du Maz, en Bretagne, et de Scepeaux, en Anjou (V. Du Paz. *hist. gén.* 333 *et suiv.*). Les seigneurs de la Jaille portaient : *d'or au léopard lionné de gueules et cinq crozilles d'azur mises en orle.* Ils habitaient, au moins dans l'origine, un château fort, situé tout à côté et à l'O. du bourg actuel de Saint-Mard, sur la rive droite de la rivière d'Erdre, et il y a lieu de croire que ce château s'appelait la Jaille. Je ne sais où Ogée (art. Saint-Mars) a pris qu'il avait été bâti en 1334, par Jean de la Porte. C'est une double erreur : d'abord, en 1334, cette place appartenait à Yvon de la Jaille, très-brave chevalier qui fut tué au siége de la Roche-Derrien, en 1347, en défendant la juste cause de Charles-de-Blois, et qui était le bisaïeul de Marguerite de la Jaille, mariée à Hardouin de la Porte, baron de Vezins : alliance qui n'eut lieu, comme je l'ai déjà dit, que vers la fin du XIV.e siècle. Secondement, en plaçant la *bâtisse* de ce château en 1334, Ogée tendrait à faire croire qu'il n'y existait rien auparavant, tandis que, dès 1149, on trouve dans les pr. de D. Morice 1. 604. un Yvon de la Jaille, *Yvo de la Jala, miles.* Ce qui prouve qu'une maison seigneuriale, un château fortifié, car on n'en connaissait pas d'autres alors, existait au XII.e siècle à la Jaille ; château dont il est impossible d'assigner d'une manière certaine l'époque de fondation, et que l'on peut croire, comme plusieurs des châteaux que j'ai déjà rencontrés à portée de la voie, avoir été dans l'origine un établissement romain. Je serais heureux que mon travail excitât le zèle des amateurs d'antiquités, et amenât une exploration non encore tentée dans les environs de Saint-Mard-la-Jaille.

Au-delà de cette localité, je perds le fil conducteur qui m'y a amené avec une grande apparence de certitude. J'avais pensé d'abord que la voie se dirigeait sur Candé; mais en examinant attentivement sa direction depuis l'étang du Pas-au-Chevreuil à la Minaudière, et de la Minaudière à Bonœuvre et Saint-Mard-la-Jaille, j'observe que la ligne incline un peu au midi, et qu'il n'est pas à présumer que pour se rendre à Angers la voie se relève à plus d'une lieue de rayon vers le nord, pour aller passer à Candé. Ayant au contraire tiré, sur la carte de Cassini, une ligne droite de Saint-Mard-la-Jaille à Angers, j'ai vu qu'elle coupait la route stratégique d'Ancenis à Candé, près de la maison de la Fremonderie, en la paroisse de Freigné; le chemin de grande communication de Varades à Candé, près du moulin à vent du Saulay; passait directement au bourg de la Cornouaille, puis à l'abbaye de Pontron, cette mère de l'abbaye de Melleray, ainsi que nous l'avons vu précédemment. De là, traversant les landes de Becon, en laissant le vieux bourg de ce nom, à moins d'un kilomètre au nord, elle va couper par un angle très-aigu la grande route de Candé à Angers, près de la maison de la Davière; passe tout près d'un village nommé la *Chaussée*, puis au bourg de Saint-Lambert de la Poterie, puis, laissant à quelques centaines de mètres au midi le bourg de Beau-Couzé, elle arrive à Angers par la route de Nantes. La direction de cette ligne par l'abbaye de Pontron, lui donne à mon avis un certain degré de probabilité, et je serais fort aise de voir exécuter sur tout ce développement des recherches dont le résultat intéresserait peut-être vivement la science archéologique.

VOIE ROMAINE

DE BLAIN A RENNES,

PAR M. BIZEUL.

Cette voie sortait de Blain par la rue de l'Ormaie et le chemin du Gavre, qu'elle suivait pendant une centaine de mètres, puis entrait dans une pièce de terre nommée les *Grandes-Vignes*, à l'est du même chemin, continuant de le suivre bord à bord, et conservant, malgré la culture, une convexité assez apparente. C'est ainsi qu'elle gravissait le coteau, et arrivait à un moulin fort ancien, qui a été construit sur la voie, et nommé le *grand moulin de Gallais*. De ce moulin jusqu'à un autre récemment bâti, et nommé le *moulin Maillard*, la voie continue la parallèle, à l'est, avec le chemin du Gavre, sans le toucher précisément, mais aussi sans s'en éloigner beaucoup. On en retrouve les vestiges fort apparents dans toutes les pièces à l'est du chemin, sous la forme d'un gros sillon d'une vingtaine de pieds de largeur et d'un mètre d'épaisseur, sillon que n'a pu faire disparaître une culture variée et continuelle. C'est l'*agger* de la voie ; il est formé à sa base de grosses pierres dont la majeure partie est une sorte de poudingue composé de cailloux roulés de quartz réunis par un gluten ferrugineux, commun dans le pays et connu sous le nom de *renard*. Cette couche de pierre est recouverte d'une argile à briques fortement conroyée et posée à un pied d'épaisseur ; enfin, sur cette argile est une autre couche de cailloux roulés de quartz, dont on trouve d'immenses dépôts dans le voisinage. Cette couche, qui formait la croûte supérieure de la voie, a perdu beaucoup de son épaisseur ; mais on peut juger, par quelques parties le mieux conservées, que cette épaisseur n'était pas moindre d'un pied à quinze pouces.

Avant d'arriver au moulin Maillard, la voie disparaît au passage d'un petit ruisseau nommé de l'*Emion* ; mais, en remontant le coteau, elle reprend toute sa beauté. Dans un acte de vente du 23 février 1751, elle sert de débornement à un morceau de lande vague, situé sur ce coteau, nommé *Haute-Rive*, et est désignée sous le nom de *vieille chaussée conduisant du château de Blain au Gavre*. Elle est, dans cette partie, tellement empierrée, que, quoique enclavée dans diverses pièces nouvellement défrichées, les laboureurs ont dû renoncer à l'entamer, dans la crainte de briser leurs charrues.

Le moulin Maillard est situé dans la commune de Vay, à peu près au point séparatif de cette commune et de celles de Blain et du Gavre. A ce point, la voie commence à servir de ligne délimitative entre le Gavre et Vay, et cela jusqu'au village de l'Angléchais, que nous trouverons bientôt en arrivant au Gavre. A ce même point, elle se confond avec le chemin actuel de Blain au Gavre, dans lequel, malgré une ruine presque complète, on en retrouve encore quelques fragments. Elle passe au pied du vieux moulin du Gavre, qu'elle laisse à l'ouest, et bientôt elle disparaît dans un chemin rompu et creusé ; et c'est à grand'peine si un œil exercé peut, sous la haie occidentale de ce chemin et au bord des pièces de terre adjacentes, en reconnaître quelques débris. C'est ainsi qu'elle traverse le village de l'Angléchais, et arrive à la longue chaussée qui, tout à la fois, servait à former un étang autour du château du Gavre, et à livrer un passage, commandé par ce château, pour se rendre à la *ville et franchise* du même nom.

Quoique je n'aie trouvé au Gavre rien qui rappelle l'occupation romaine, si ce n'est le passage de la voie que je décris, je ne puis m'empêcher de dire un mot de ce château et de cette *ville et franchise*, qui, jusqu'à la fin du XV.e siècle, ont reçu quelque relief des personnages illustres entre les mains desquels est successivement passée cette seigneurie.

Une immense forêt, qui s'étendait depuis Nozay jusque près de Redon, couvrait autrefois la chaîne de collines qui sépare les eaux de l'Isar et du Don. La forêt royale du Gavre en est un reste. La plus ancienne mention qui en ait été faite, se trouve dans le titre de fondation de l'abbaye de Buzay, vers 1140, par le duc Conan III. Après avoir donné aux moines une partie de forêt, dans le pays de Retz, laquelle s'étendait depuis Paulx (*Spauldo*) jusqu'au Port-Saint-Père, le duc ajoute : *Largitus sum etiam de sylvâ quæ* GAVRIUM *nominatur quantùm eis opus fuerit.*

Dans une déclaration de Jean II datée du *vendredi davant la Pentecouste l'an de grace mil dous cens quatre-vingt-seize* (1296), faite en faveur des habitants du Gavre, ce prince nous apprend que ce fut le comte Pierre de Dreux, dit Mauclerc, son aïeul, qui fonda la *ville* du Gavre; et comme ce titre ne se trouve en aucune de nos collections de chartes, je crois à propos d'en extraire ce qui concerne cette fondation, particularité historique qu'on chercherait vainement ailleurs. « A tous ceulx qui ces » présentes lettres voiront et orront, Jehan, duc de Bre- » taigne, conte de Richemont, salut en nostre Seigneur : » Sachent tous que comme noz hommes demourans en nos- » tre ville dou Gavre, disent eulx avoir aulcuns usaiges en » nostre forest dou Gavre, par les donations que le conte » Pierre, nostre ayeul, fist, comme ils disent, *quant il* » *fonda la dicte ville dou Gavre*, et iceulx noz hommes, » de leur bonne volente, se soient delaissez du tout en » tout desdictz usaiges, et en avoient quitté à tous jours » mez nous et noz hoirs et successeurs, sans jamez rede- » mander en iceulx usaiges, nous, en recompensation » de ce, avons delaissé esdictz noz hommes et a leurs » successeurs, qui demourent et demoureront en nostre » dicte ville dou Gavre, les choses qui suivent, c'est à savoir » toutes les terres novelles sises entre le pont d'*In* (ou » d'Iff) d'une part, et le *chemin qui va a Fougeray* d'au- » tre part; desquelles terres iceulx hommes souloient payer » cens chascun an a la Toussainctz, a tenir et avoir les ter- » res a tous jours mez, lesdictz hommes et leurs suc- » cesseurs, demourans en nostre dicte ville dou Gavre, » comme leurs propres héritaiges. — Item, un breil de

» boys que l'on appelle les *Arpentz*, comme il se divise » d'un sentier qui va du pont d'*In* droict au *Gué Sac*, » et une lande davant le Chesne de la Messe, jusqu'au » grand foussé qui va vers Mezpras et jusqu'a la terre » Guillaume de la Grée..... Lesquelx terre, lande et breil » dessus dictz lesdictz hommes et leurs successeurs, qui » demourent et demoureront en nostre dicte ville du Ga- » vre, tiendront et auront a tous jours mez, en la ma- » niere qui est dicte par avant, franchement et quitte, » sans en payer de cens ne aultre redevance ou servitude, » et est a savoir que nous octroyons a tous noz hommes » qui demourent et demoureront en nostre dicte ville dou » Gavre, qu'ilz seront quittes et francz a tous jours mez, » de tailles et chevaulchées, et de toutes coustumes et » exactions, par toute nostre terre, en telle maniere que » chascun d'eulx rendra a nous et a noz hoirs, pour sa » maison qu'il aura en la dicte ville dou Gavre, chascun » an, a la decollation sainct Jehan-Baptiste, cinq souldz » de monnoie courante de cens pour la place et terres, » et s'ilz en avoient plus ou moins, ilz en paeront la va- » leur, selon la quantité de la place qu'ilz tiendront. — » Item, leur octroyons a noz dictz hommes que nul d'i- » ceulx ne ira a nostre ost jusqu'a l'arriere ban, etc. »

L'acte de la fondation rappelée ci-dessus n'a pas été conservé, mais on peut croire qu'il était conçu dans les mêmes termes que celui de la fondation de Saint-Aubin du Cormier, due au même duc Pierre de Dreux, daté de 1225 (V. *Hist. de Bret.*, *D. Mor.*, pr. 1. 854). C'était, comme au Gavre, un château bâti dans une forêt, et autour duquel on voulait, par des privilégés, attirer de nombreux habitants. Voici quelques dispositions de cette dernière charte, qui se retrouvent presque mot à mot dans celle de Jean II. « Omnibus hominibus manentibus apud » S. Albinum, quoddam castrum novum situm in foresta » nostra Rhedonensi concedimus, et hac presenti carta » nostra confirmamus quod ipsi omnem libertatem ha- » beant, et quod ipsi de tallia et cavalchis et omni con- » suetudine et exactione liberi sint et immunes, in hunc » modum quod unus quisque qui in loco prænominato » manserit, nobis et hæredibus nostris annuatim, in na- » tali Domini, V solidos usualis monetæ pro mansione » suâ reddere teneatur censuales, excepto tamen hoc quod » quoties cumque nobis necesse fuerit, nobiscum ibunt » in exercitu nostro. Concedimus etiam dictis hominibus » quod in tota foresta nostra Rhedonensi, extra brolia, » communem pasturam habeant et licentiam et nemus » mortuum, etc. »

Ce fut donc au commencement du XIII.e siècle que le château du Gavre fut bâti par Pierre de Dreux. C'était un grand corps de logis de 234 pieds de long du midi au nord, armé de six tours, placées symétriquement aux quatre coins et au milieu, avec pont-levis au bout du midi et à celui du nord.

Déjà ruiné et ne conservant plus que des murailles sans charpente, lors de la réformation du domaine du roi, en 1678, ce château a, depuis lors, été exploité comme une carrière, tellement et si bien qu'il n'en reste plus aujourd'hui que d'informes amas de sable de démolition qu'on aperçoit sur la gauche, en arrivant à la longue chaussée qui conduit du village de l'Angleschais à la *ville* du Gavre.

Cette chaussée, qui, avant la construction du château du Gavre, était destinée à faire franchir à la voie romaine le ruisseau marécageux sortant de la forêt, dut être exhaussée pour former l'étang qui entourait le château et lui servait de défense ; car il est à remarquer que cette forteresse était située dans le marais même, à un jet de pierre de la chaussée, qui en suivait parallèlement les murailles.

La *ville* (1) du Gavre est une bourgade dont les maisons sont placées de chaque côté d'une rue large et assez longue, dans laquelle il est difficile de reconnaître la voie. C'était cependant sa véritable direction ; et en la suivant, au sortir de la ville, près de la maison de la *Chaussée*, nous allons en retrouver les vestiges les plus certains.

Je m'écarterais de mon sujet en m'étendant davantage sur l'histoire du Gavre. Ce sera l'objet d'un travail particulier. Je rappellerai seulement que cette terre, ayant toujours appartenu aux ducs de Bretagne, fut donnée par Jean IV, après la bataille d'Auray, au capitaine anglais, Jean Chandos, qui avait si puissamment contribué au gain de cette bataille. Olivier de Clisson, qui y avait perdu un œil, en combattant pour le même prince, croyait avoir d'autant plus de droits à cette riche récompense, qu'il possédait la terre de Blain, à une lieue du Gavre, et que celle-ci lui convenait beaucoup. *Je donne au diable*, s'écria-t-il devant le duc, *si jà Anglais sera mon voisin ;*

---

(1) Les habitants se servent constamment du mot *ville* quand ils parlent du Gavre.

puis il alla brûler le château, et finit par s'emparer de la terre. Elle revint au duc Jean V, après la mort du connétable, et fut donnée à Arthur de Richemont en 1422. Cet autre illustre connétable, qui devint duc de Bretagne après la mort de tous les fils de Jean V, demeura plusieurs années au Gavre, fit réparer le château et construire les chaussées de plusieurs autres étangs qui entouraient, pour ainsi dire, la bourgade du Gavre. Au moyen de ces étangs et d'une coupure large et profonde nommée la *Douve*, située à l'ouest et au bout de la *rue Basse*; on ne pouvait entrer dans la *ville* que par trois endroits. On serait, d'après cela, tenté de croire que le Gavre et son château devraient remonter bien au-delà du XIII.e siècle, et que cette position fortifiée aurait quelque rapport avec la voie romaine qui la traverse. Mais un examen très-attentif des lieux et l'absence absolue de tout débris romain, dans cette localité, m'ont convaincu du contraire.

A la sortie du Gavre, et près d'un ancien manoir nommé la *Chaussée*, on trouve, comme je viens de le dire, les vestiges les plus apparents de la voie; c'est-à-dire, une épaisse stratification de cailloux roulés de quartz, formant un *agger* encore convexe. Ces vestiges se font remarquer et suivre aisément, puisqu'ils servent encore de chemin public, qui est le *chemin de Fougeray* mentionné dans la charte de Jean II, depuis un petit ruisseau dont le passage entre le Gavre et la maison de la *Chaussée* porte le nom de *Pont au Prince*, jusque au-delà du village des Rottis. A l'est et près de ce village, la voie, en descendant vers le ruisseau sortant de l'étang de Clegreuc, est, dans une longueur de plus de 300 mètres, de la plus parfaite conservation. Elle a 24 mètres de largeur entre ses deux contre-fossés ou berges, qui en ont eux-mêmes 3 sur 1 d'élévation.

Au village des Rottis, on remarque, sur le bord occidental de la voie, une toute petite chapelle de la plus simple architecture. Reconstruite probablement bien des fois, cette pieuse fondation doit, quant à son emplacement, remonter à une assez haute antiquité.

Après avoir traversé le ruisseau, la voie passe à quelques cents mètres à l'est des villages des haut et bas Luc, se dirigeant toujours au nord et laissant le bourg de Vay à 3|4 de lieue à l'est. On ne la retrouve en cet endroit que dans un méchant petit chemin, très-étroit et très-dégradé, nommé le chemin de *Poibel.* Le fond de ce chemin est assez solide en beaucoup de parties, parce qu'il a été établi sur l'agger même de la voie, dont on reconnaît facilement deux beaux fragments. Le dernier se prolonge dans un pré à l'ouest du chemin actuel, puis passe dans un champ et dans une pâture qui joint la vaste lande du haut Luc. En entrant sur cette lande, par le chemin de Poybel, vous avez quitté la voie; mais, à quelques mètres à l'ouest, vous l'apercevez qui sort de cette pâture, coupe le chemin vicinal du haut Luc à Vay, et gravit le coteau au travers de broussailles nommées le bois du Tarot.

Elle arrive bientôt au coin oriental et méridional de la forêt du Gavre, dans laquelle elle entre, mais en suivant son bord oriental, dont le fossé a été établi sur le contre-fossé de la voie, qui se laisse apercevoir et distinguer facilement dans tous les endroits que le fourré du bois ne recouvre pas entièrement. C'est ainsi qu'elle atteint le bout septentrional de la forêt, après un parcours de plus de deux kilomètres.

Un peu avant de sortir de la forêt, la voie, continuant sa direction nord, ne suit plus le fossé de la forêt, qui incline à l'est; et, à 40 mètres vers l'ouest du coin oriental et septentrional de cette forêt, on retrouve la voie parfaitement marquée sur la lande de l'*Épine des Haies*, dont le village s'aperçoit à 2 ou 300 mètres à l'ouest; là encore elle a ses contre-fossés, et sa largeur de 24 mètres entre eux.

Nous avons vu que depuis le moulin Maillard jusqu'au village de l'Angleschais, la voie sert de limite aux paroisses du Gavre et de Vay. Ce débornement est interrompu près du château et dans la ville du Gavre, parce que, apparemment, le fondateur, Pierre de Dreux, aura voulu arrondir sa ville et aura pris sur la paroisse de Vay; mais la limite déterminée par la voie reprend, entre Vay et le Gavre, dès le *Pont au Prince* et la maison de la *Chaussée*, et ne cesse plus qu'au coin de forêt où nous sommes parvenus. Ce coin, connu sous le nom de l'*Homme-mort*, à l'occasion peut-être d'un meurtre qui y aura été commis, l'est aussi sous celui des *Quatre Contrées*, parce que quatre paroisses s'y joignent, savoir: le Gavre, Vay, Guémené-Penfao et Marsac. Deux très-petites bornes, placées au coin formé par les fossés de la forêt, indiquent seules le point conjonctif, qui, ne se trouvant plus sur la voie, a été évidemment déplacé. Il est à croire que ce point était autrefois marqué par une colonne milliaire; mais elle a disparu et il n'en est resté aucun souvenir. Je n'y ai pas même aperçu une croix, signe ordinaire d'une délimitation qu'on veut faire respecter et conserver pendant des siècles, et qui, en beaucoup de lieux, a remplacé les bornes itinéraires des Romains.

A un quart de lieue à l'ouest, est le village de la *Motte*, dont le nom indique presque toujours un tumulus, et souvent un camp.

Nous sommes arrivés au point culminant qui sépare les eaux des rivières du Don et de l'Isar. Après sa sortie de la forêt du Gavre, la voie traverse un petit ruisseau et gravit une côte assez rapide, du haut de laquelle la vue s'étend sur tout le vallon de Blain et sur un immense horizon. C'est là que les officiers d'état-major ont établi un observatoire pour l'exécution de la nouvelle carte de France. La voie y est encore parfaitement conservée, ainsi que dans la vaste lande qui s'étend entre les villages de Dastres en Guémené-Penfao, et la Bourdais en Marsac. Elle sert encore ici de limite entre ces deux communes jusqu'à la rivière du Don. A peu de distance au nord d'une simple croix d'ardoise, placée au milieu de la lande, la voie commence à descendre, et s'enfonce bientôt, par une pente très-rapide, dans le profond vallon où le village du Tahun, écrit *Tertre-ahun* par Cassini, est, pour ainsi dire, caché sous de nombreux pommiers dont la belle verdure, variée par l'éclat des fleurs de cet arbre si précieux pour la Bretagne, tranche de la manière la plus absolue avec les landes pierreuses qui entourent cette sorte d'oasis. La voie traverse la partie orientale du vallon, en laissant à 300 mètres à l'ouest le village du Tahun, monte le dernier coteau qui reste à franchir pour arriver au Don, et l'on remarque, à la déclivité du coteau vers cette rivière, une forte échancrure pratiquée dans le schiste ardoisin tabulaire, pour adoucir la pente. Au bas de cette échancrure, il est difficile de reconnaître la voie dans un chemin fortement raviné, et dans des terres cultivées; mais, comme la distance est très-faible pour arriver au passage de *Pont-Veix*, sur la rivière du Don, on peut supposer que la voie s'y rendait en droite ligne.

A un kilomètre à l'ouest, se trouve, pour ainsi dire, perchée sur les rochers d'ardoise les plus pittoresques, la petite et modeste chapelle de Sainte-Anne ou du Lieu-Saint. C'est un but de fréquents pèlerinages et d'une assemblée fort nombreuse le 26 juillet, jour de la fête de la patronne. Elle est placée sur une pointe au pied de laquelle le Don reçoit l'un de ses plus petits affluents, très-profondément encaissé. C'est une très-forte position militaire, qu'il était inutile d'armer de retranchements. J'ai cru pourtant en apercevoir quelques restes, mais je n'ose rien affirmer. Sous ce monticule il existe une chaussée empierrée fort solidement, qui traverse la rivière du Don, et qui présente l'emplacement de deux arches. Cette chaussée se nomme le *Pont*, et elle a donné ce nom à une métairie entre laquelle et celle de la Bodinière, elle aboutit sur la rive droite. Une personne très-au fait de la localité, et dont je respecte infiniment la vaste érudition, M. le président du Porzou, avait cru que la voie passait sur ce pont. La vérification que j'ai faite de la direction des deux bouts de cette voie sur l'une et l'autre rive, m'a prouvé qu'aucun d'eux n'arrive à cet ancien pont.

A peu de distance de la chapelle du Lieu-Saint, sur la

pente d'un coteau très-rapide, est un rocher d'ardoise de 25 à 30 pieds de hauteur, ayant à peu près la forme d'une aiguille ou obélisque. C'est la *Pierre à la Joyance* ou *Jouvence*, et la *Joyance* est une fée qui, suivant la tradition, a fait faire la voie romaine se dirigeant du passage de Pont-Veix vers Chasteaubriant et le Maine, et dont je m'occuperai dans le chapitre suivant.

Ce passage de *Pont-Veix* qui se trouve placé précisément en ligne de la voie, est un barrage en pierre, jeté au travers de la rivière du Don, et qui sert de déversoir au moulin établi sous la rive droite. Il a environ 15 à 18 pieds de largeur, et est fait en forme de chaussée plate, qui offrirait un chemin assez commode, sans les continuelles dégradations occasionnées par les eaux d'hiver. On y passe presque en tout temps à cheval. Mais il serait fort dangereux, pour ne pas dire impossible, qu'une voiture s'y aventurât. Ce barrage est formé d'une énorme quantité de dalles de schiste ardoisin tabulaire, roche dans laquelle le Don s'est creusé un lit profond et angustié. Ces dalles ont été posées de champ, et quoique de nombreuses réparations aient probablement changé la forme de cette chaussée, on ne peut s'empêcher de lui assigner la même antiquité qu'à la voie qui y arrive, et dont elle formait, sans aucun doute, partie intégrante.

Ce nom de *Pont-Veix*, que nous prononçons Pont-*Vée* et que j'écris selon l'ancienne orthographe du pays, suivie par Cassini, a donné lieu à diverses conjectures étymologiques. Les uns y ont trouvé *Pons Veius*, sans pouvoir nous dire le pourquoi de cet adjectif nominal ; les autres,

Pons Viæ, le pont de la voie, à laquelle en effet cette chaussée submersible servait de pont. Je n'admets ni l'une ni l'autre de ces explications. Il y a, ce me semble, dans ce nom *Pont-Veix*, quelque chose de bas breton; *veix* ou *vé* me paraît avoir quelque analogie avec le mot *gué*, dont le radical, adopté par les latins dans *vadum*, est certainement celtique. Le grand et le petit *vé* du Cotentin me paraissent de la même famille, et j'en conclus, sans rien affirmer toutefois, que *Pont-Veix* signifie le *Pont-Gué*; c'est-à-dire un gué factice, un gué servant de pont. Tout auprès de Pont-Veix, sur la rive droite du Don, se trouve le village de *Coet-Veix*, qu'on a aussi dit être le *bois* (coët) de la *voie*. La finale *veix* doit avoir le même sens que dans *Pont-Veix* : ce serait donc le *bois du gué*.

Un ancien manoir féodal, placé, près du passage, à mi côte et dans une jolie position, a reçu aussi le nom de *Pont-Veix*. Ce serait en vain que sous les belles avenues de chêne de cette habitation on chercherait les vestiges de la voie; et cependant ce doit être là qu'elle se divise en deux branches, l'une prenant le nord-est vers Chasteaubriant et le Maine, de laquelle j'ai déjà dit un mot, et qui fera l'objet du chapitre suivant; l'autre continuant la direction nord, et dont je vais poursuivre la description.

Pour la retrouver, il faut monter le coteau à peu près au nord, laisser tout près et à l'ouest le bois de Coët-Veix, au-delà duquel et à peu près à 400 mètres à l'est du moulin à vent de Pont-Veix, on verra se déployer la voie, parfaitement marquée, tout au travers d'une vaste lande nouvellement partagée, et déjà coupée de nombreux fossés. Les géomètres ruraux, qui ont procédé à ce partage, semblent n'avoir pas aperçu ce monument, d'autant plus intéressant qu'il était là de la plus parfaite conservation ; et le résultat de leur travail sera son entière destruction, car leurs lignes, barbarement tracées, ont coupé la voie en tous sens, au lieu de respecter son ancienne destination routière, destination qu'elle avait même conservée jusqu'à nos jours, puisque, quand je l'observai la première fois, elle servait de chemin public de Pont-Veix aux moulins de Chère et à Pierric. C'est ainsi qu'on s'est privé d'un excellent chemin vicinal, pour en tracer, un peu plus à l'est, un nouveau qui deviendra impraticable ou coûtera fort cher à la commune de Conquereuc. Il faut dire cependant que, dans une partie de la voie, on a amené le chemin de Conquereuc à Pierric ; mais, au lieu de l'établir sur la partie convexe la plus solidement empierrée, on l'a tracé sur le bord oriental, à la largeur de 15 pieds et de la manière la plus pitoyable.

Cet embranchement du chemin vicinal avec la vieille voie a lieu au point le plus élevé de la lande. C'est là qu'en me retournant vers Pont-Veix, j'ai pu m'assurer que la direction de la voie ne mène point au vieux pont placé sous la chapelle du Lieu-Saint, et qu'au contraire elle laisse à une assez grande distance à l'ouest le moulin à vent de Pont-Veix, et paraît tendre en droite ligne vers la maison de ce nom, et conséquemment vers le barrage du moulin à eau dont j'ai parlé ci-dessus, comme faisant partie intégrante de la voie.

Malgré tous les obstacles que présentent les fossés nouveaux et quelques commencements de culture, on peut encore suivre la voie pied à pied pendant plus de trois quarts de lieue, et reconnaître qu'elle est constamment accompagnée de ses deux contre-fossés, et qu'elle a conservé les dimensions que j'ai rappelées précédemment. Les trop nombreux affouillements, tant en travers que dans la longueur de la chaussée, nous démontrent qu'elle était formée d'un fond d'argile battue d'un à deux pieds d'épaisseur, puis d'une couche de pierres de grès d'inégale grosseur, enfin que la partie supérieure était couverte de cailloux ou gravois de quartz roulés.

C'est dans cette partie qu'on trouve un vieux fossé à très-gros talus, qui se prolonge parallèlement à la voie et à 20 mètres de distance de son rebord occidental dans toute la traverse de la lande, depuis le bois de Coët-Veix jusqu'à 100 mètres avant d'arriver à la route nouvelle de Guémené-Penfao à Derval, et qui là se rejette à l'ouest-ouest-nord, en formant un angle un peu plus ouvert qu'un angle droit. Ce fossé est certainement un ouvrage militaire, et j'ai dit ailleurs (Nouv. édit. du Dict. d'Ogée, art. *Concreuil*) que je pensais que c'était dans la lande où il est tracé que se donna la bataille entre Conan, comte de Rennes, et Foulques-Nerra, comte d'Anjou, en 992, et probablement celle entre le même Conan et Guerech, comte de Nantes, dix ans auparavant. Je crois devoir rappeler ici très-succinctement ce qui donna lieu à ces batailles.

La succession d'Alain Barbetorte était vivement disputée entre Hoël, son fils naturel, et Conan, comte de Rennes, seul héritier direct des anciens princes bretons. On accusa Conan d'avoir fait assassiner Hoël. Guerech;

autre fils naturel d'Alain, succéda à son frère dans ses prétentions, et devint comte de Nantes, d'évêque de cette ville qu'il était déjà. La guerre continua entre lui et Conan. On se rencontra, en 982, dans les landes de Conquereuc; et, quoi qu'en disent les historiens, il y a lieu de croire que l'avantage fut pour Conan, car il courut longtemps après un proverbe qui disait: *C'est comme à la bataille de Conquereuc, où le tors l'a emporté sur le droit.* Or, on sait que Conan était surnommé *le Tors.* La chronique du Mont Saint-Michel vient d'ailleurs à l'appui de cette opinion. Guerech mourut quelque temps après. On accusa encore Conan de l'avoir fait empoisonner. Alain, fils de Guerech, ne lui survécut pas longtemps, et les Nantais, grands ennemis de Conan, et qui ne lui épargnaient pas, comme on le voit, des imputations probablement calomnieuses, choisirent pour leur comte un bâtard de Hoël, nommé Judicaël. Foulques-Nerra, comte d'Anjou, soutint celui-ci, et provoqua, dit-on, Conan à une seconde rencontre dans les landes de Conquereuc, où la même querelle s'était déjà débattue. Ces landes se trouvaient à moitié route entre Rennes et Nantes, et étaient traversées par la voie dont nous nous occupons, et qui réunissait ces deux villes. La bataille se donna le 27 juin 992. Conan y fut vaincu et tué. On a dit qu'il avait usé d'une ruse de guerre en faisant couvrir de branchages un fossé creusé à l'avance, dans lequel la cavalerie de Foulques était venue trébucher. J'ai examiné attentivement les lieux et surtout ce gros fossé dont j'ai parlé. Son talus a 15 pieds de base et 5 de hauteur actuelle. La maie en est creusée à l'ouest en majeure partie. Ailleurs, elle l'a été des deux côtés. S'il y a quelque chose de vrai dans la ruse rapportée par les chroniques, Conan pourrait bien s'être servi de ce fossé, qui me paraît avoir été construit longtemps avant lui, et pour une bataille bien autrement nombreuse que celle de 992. Car, de penser que dans une lande rase, à sol argileux, on ait pu creuser une douve capable de faire culbuter des chevaux de guerre, et cacher ce travail sous quelques ramées, il n'y a vraiment pas moyen. La couleur d'ocre jaune de cette argile, et l'énorme sillon de déblais, auraient fait connaître la ruse de fort loin. Il aura fallu, au contraire, pour la faire réussir, que Conan, établissant le front de sa ligne parallèlement au talus ancien et à peu de distance, fît creuser une douve de son côté, au pied de ce talus, qui en aura dérobé la vue. On conçoit alors que Foulques, venant vivement à l'attaque, et voulant franchir le talus, sera retombé dans la douve, quand il croyait trouver un terrain droit. Ceci expliquerait comment ce talus a une double douve, et on pourrait croire que c'est dans la partie seulement où cette double douve existe, que se serait donnée la bataille entre Foulques et Conan (1).

Ces deux rencontres dans les landes de Conquereuc viennent encore à l'appui de la remarque, déjà souvent reproduite, que le mouvement des armées, au moyen âge, suivait presque toujours les voies romaines, qui étaient, à cette époque, les seuls chemins militaires.

---

(1) Grégoire de Tours (Hist., l. 3, c. 7) rapporte une ruse de guerre analogue à celle de Conan, employée par les Thuringiens contre l'armée de Thierry qui venait les attaquer. C'étaient des fosses recouvertes de gazon.

Cette lande, qui fut le champ de ces deux batailles assez célèbres dans nos chroniques bretonnes, forme une plaine occupant le point le plus élevé entre les rivières du Don, que nous venons de traverser, et de la Chère, que nous allons bientôt franchir. La voie laisse à moins d'une demi-lieue à l'ouest le bourg de Conquereuc (1), et à plus d'une lieue au nord-est celui de Derval. Elle passe à 500 mètres du bois d'Anguerdel, placé au levant; et on aperçoit dans la même direction les bois d'Aindre, restes d'une grande forêt, qui, de la Vilaine, se prolongeait vers Chasteaubriant, et appartenait aux vieux barons de ce nom.

En quittant la lande dont je viens de parler, la voie coupe à angle droit la route de Guemené à Derval, passe tout près et à l'est des villages des Mortiers, d'Estival, de la Chesnaie et de la Rénière. Elle sert encore ici de chemin public. C'est à peu de distance à l'ouest de ces villages, et entre ceux du Fouay et de Brehain, que se trouve une immense carrière de gravois ou cailloux de quartz roulés, nommée *Coët-Mac*. C'est là qu'a dû être prise l'énorme quantité de cette matière qui a servi à l'empierrement supérieur de la voie; car, depuis le Gavre jusque bien au-delà du point où nous sommes parvenus, nous ne trouvons qu'un sous-sol de schiste ardoisin, et le dépôt de Coët-Mac paraît être le seul de tous ces cantons. Ce nom de *Coët-Mac*, pro-

(1) J'écris *Conquereuc*, en lui conservant sa finale bretonne, et non pas *Conquereul*, *Concreuil*, *Conquéreuil*, comme on l'écrit ordinairement. Le Cartulaire de Redon le nomme *Concuruz*; le *Chronicum britannicum*, *Concruz*; la Chronique de Nantes, *Conquereus*.

noncé dans le pays *Coëmâ*, est purement breton, et signifie *Bois-Grand* ou Grand-Bois, comme son inverse *Magouët* ou *Mac-Coüet.* Il existe, au sujet de ce *Couët-Mac*, une tradition qui fait de cette vieille carrière de gravois une ville qui a été engloutie, et tous les paysans d'alentour ne la connaissent que sous le nom de la *Ville de Coët-Mac.*

A un quart de lieue au-delà du village de la Renière, la voie traverse une longue suite de monticules, qui s'étendent d'orient en occident sur une longueur de plus de 2,000 mètres, mais qui ont une très-petite largeur. Ils sont indiqués sur la carte de Cassini comme une ligne de rochers. Ces monticules sont formés du déblai des carrières d'ardoise de Pierric, bourg que la voie laisse à 12 ou 1500 mètres à l'est, en passant à la hauteur du moulin à vent de Rouxel, placé à son couchant.

De ce point, et en suivant toujours la direction du nord, on commence à descendre vers la rivière de Chère. La voie, toujours bien marquée, sert de chemin public jusqu'à la rencontre d'un chemin rural entre les villages de Coëtvaux et de Tremelon. Là, elle entre dans des pâtures closes, en sort dans une petite plaine basse et marécageuse où elle est cependant très-bien conservée, puis se dirige sur le village de Chère, en Pierric, et de là va passer la rivière de Chère vers le moulin placé sous le village de la Hagoüais, qu'il ne faut pas confondre avec les moulins de Chère, situés sur la même rivière, à 4 ou 500 mètres plus haut.

Assez près de ces moulins, sur la rive gauche de la Chère, et à l'endroit où cette rivière reçoit l'un de ses affluents qui passe sous le bourg de Pierric, est un village dont le nom est écrit *Quatre* sur le carte de Cassini, mais qu'on prononce *Câtres* dans le pays, et qu'on devrait conséquemment écrire *Castres*. Ce nom me paraît indiquer, en cet endroit, un camp romain, *Castrum*. Je regrette de n'avoir pu m'en assurer quand je suis passé aux moulins de Chère ; et cela avec d'autant plus de raison, que ma conjecture semble justifiée par M. Maillet, bibliothécaire de Rennes, qui a vu, dans ce voisinage, un véritable camp, avec fossés et retranchements, dont il n'a pu malheureusement m'indiquer la vraie position.

Avant de passer sur la rive droite de la Chère, je dois faire mention d'un lieu où l'habitation des Romains s'est révélée par la rencontre de quelques médailles, et d'une quantité considérable de tuiles à rebords et de fragments de poteries. C'est l'abbaye de Balac, située sur la rive gauche de la même rivière de Chère, à un peu plus d'une lieue au-dessous du passage de la voie romaine, et marquée sur la carte de Cassini sous le nom de l'*Abouix*, parce que c'est ainsi que, dans le pays, on prononce le mot *Abbaye*. C'est un lieu fort anciennement habité. D. Morice, pr. 1.553, a tiré du Cartulaire de Redon la donation qui en fut faite aux moines de cette abbaye par Olivier, fils de Jarnogon de Pont-Chasteau, en 1126. *Ego Oliverius filius Jarnogoni de Ponte.... dono hodie et firmiter concedo salvatori totius mundi in hac sua Rotonensi ecclesia, locum qui dicitur Ballac, cum tota integritate suâ, sicut ab antecessoribus meis et à me jure hæreditario noscitur possessus.* Cinq ans après, en 1131, le même Olivier donne encore aux moines de Redon la vallée de Brengoen, *vallem quæ dicitur Brengoen* (D. Mor., *ib.* 565), contiguë à la terre de Ballac; c'est aujourd'hui le village de

Brangoüin, marqué, sur la carte de Cassini, à un quart de lieue à l'ouest de Ballac; enfin, en 1133, le moine Guillaume de Fait ou de Fay et l'ermite Hubert, qui habitaient ensemble la terre de Ballac, se plaignirent à Guégon de Blain (*Guegonus de Blaigno*) de ce que ce lieu, qui, du temps d'Olivier du Pont, était leur propriété, avait été dévasté par les guerres et était devenu le passage continuel et la proie des larrons. Guégon, qui paraît avoir été le seigneur suzerain d'une grande partie du pays nantais joignant la Vilaine, leur donna une seconde fois la même terre de Ballac (D. Mor., *ibid.* 569). Elle a appartenu aux moines de Redon jusqu'en 1790. C'est aujourd'hui une métairie située au bord de la rivière de Chère, et au pied d'un coteau fort élevé et très-pittoresquement parsemé de bocages. La chapelle subsiste encore. C'est une construction du XVI.e siècle, peu remarquable. Ogée, à l'article *Pierric*, parle de Ballac comme d'une seigneurie et d'un château. Je n'ai rien trouvé, dans les chartes que j'ai extraites ci-dessus, qui tende à justifier de pareilles qualifications. Ballac était tout simplement un prieuré de l'abbaye de Redon.

Reprenant la voie au village de la Hagoüais, je ne puis indiquer d'une manière précise son passage au village de la Bourjouinais, et à l'est de celui de la Bergerie; ce n'est qu'au village de la Roulais et en entrant dans une vaste lande à l'ouest et à une demi-lieue de la petite ville de Fougeray, qu'on retrouve la voie, formant encore une chaussée convexe, quoique ayant perdu en quelques endroits sa couche supérieure de cailloux roulés, et réduite à un fort empierrement de moellons de différentes grosseurs, et tels qu'ils sont sortis de la carrière.

Quoique je n'aie rencontré à Fougeray aucun débris romain, je ne puis passer aussi près de l'ancien château fort qui y existait, sans en dire quelque chose. Son origine se perd dans la nuit des temps, et on pourrait soupçonner avec quelque raison que ce château, devenu la forteresse d'un baron du moyen âge, avait été, dans son principe, établi sur un camp romain. Son voisinage, assez rapproché de la voie, autoriserait cette conjecture. Le Cartulaire de l'abbaye de Redon parle de la paroisse de Fougeray, mais ne dit rien de son château. Dans une charte d'Erispoé, prince de la province de Bretagne, *princeps Britanniæ provinciæ*, par laquelle il donne à Saint-Sauveur de Redon, *duas Randremes, Moi* (Moais) *et Aguliac in plebe quæ vocatur Fulkeriac super fluvium Kaer* (la Chère). Cet acte, rapporté par D. Morice dans le 1.er vol. de *preuv. de l'hist. de Brét.*, p. 294, est rangé sous la date de 851. On voit qu'en 1202, Brient le Bœuf, sire de Nozay, possédait la seigneurie de Fougeray; mais, pour trouver la première mention historique de son château, il faut descendre jusqu'au milieu du XIV.e siècle, époque à laquelle cette place devint le théâtre de l'un des premiers exploits guerriers de Duguesclin. Dans le *Roumant* en vers alexandrins que Cuvelier a composé sur la vie du bon connétable, presque aussitôt après sa mort, c'est-à-dire de 1381 à 1386, le poëte raconte la surprise du château de Fougeray par notre héros, et j'ai remarqué dans ce récit une tradition qui existait alors et d'après laquelle ce château aurait été fondé par le roi Artus.

> ... Ung chastel moult fut fort près de la
> En Bretagne-Gallo, *roy Artus le fonda;*

Foulgerai ot à nom, ainsin on l'appella.
Vers 832.e et suiv.

Cette tradition vient encore appuyer ma conjecture sur l'origine romaine que j'attribue aux premiers travaux de fortification et au choix de cet emplacement ; car je pourrais citer de nombreux *châteaux du roi Artus*, qui ne sont autre chose que de véritables camps romains, conservés même dans leur forme primitive.

Je répète, toutefois, que ce n'est qu'une conjecture, car il n'y a rien de romain dans le seul débris qui existe encore du château de Fougeray. C'est une tour fort grosse et fort élevée, qui m'a paru être un édifice du XIII.e siècle, à en juger par l'ogive peu aiguë de ses voûtes et des ornements de ses mâchicoulis. Ses fenêtres, placées sans aucune régularité, sont toutes carrées, et quelques-unes sont surmontées d'arcs de décharge en plein cintre. Cette tour était probablement le donjon du château, car sa porte basse était défendue par un pont-levis à deux flèches dont on voit encore les ouvertures; ce qui indique que la tour placée sur le grand fossé du château, mais sans issue de ce côté, était garnie à l'intérieur d'un fossé particulier. Au second étage et directement au-dessus de la porte basse, existait une poterne à pont-levis qu'une seule flèche faisait mouvoir, mais dont je ne m'explique pas l'utilité à une pareille élévation. Cette porte et cette poterne sont cintrées. La maçonnerie de la tour est en moellon commun du pays, assez mal mis en œuvre, mais lié par un mortier de fort bonne chaux. Les ouvertures sont parementées en grès de diverses espèces et bien traitées. Les escaliers en colimaçon, dont l'un est pratiqué dans une tourelle faisant corps avec la tour, et l'autre dans l'épaisseur de la muraille, sont partie en grès, partie en granit et en ardoise.

Le château de Fougeray était situé à l'orient de la ville et avait, autant qu'on peut en juger actuellement, une figure carrée. Ses fossés du nord et du levant étaient alimentés par deux petits ruisseaux; on peut voir encore à peu près leur emplacement; mais, du côté de la ville et vers le midi, tout vestige de fortification a disparu, pour faire place à un fort beau jardin et à une jolie plantation. Une maison moderne a été construite en face de ce jardin, et tout l'intérieur de l'ancien château est devenu une belle cour verte et l'emplacement de ménageries considérables. Ces nouvelles constructions sont du milieu du XVIII.e siècle.

Cette place, commandée par des hauteurs à l'est, au nord et à l'ouest, devait à l'art toute sa force. Il ne paraît pas que la ville de Fougeray ait jamais été fortifiée.

Reprenons notre voie romaine sur la grande lande où nous l'avons laissée, et où on peut la retrouver facilement en suivant le chemin de grande communication qu'on trace en ce moment de Fougeray au Port de Roche, sur la Vilaine. La voie coupe ce chemin presque à angle droit et va passer à 400 mètres à l'est du moulin à vent du Chesne-Poirier. Sur toute cette lande elle est très-apparente et d'une parfaite conservation. Sa largeur est de 20 mètres entre les contre-fossés, un peu aplatis, mais bien marqués, et dont la base n'a pas moins de 5 mètres.

A un quart de lieue à l'ouest du moulin du Chesne-Poirier, est l'ancien manoir du Loray, écrit Lauray sur la carte de Cassini. Placé sur une langue de terre formée par la jonction de deux ruisseaux, ce lieu paraît, au dire de M. Gaudin, docteur en médecine à Fougeray, avoir été très-fort; et le même observateur ajoute qu'on a trouvé dans le bois qui en dépend, les ruines d'un vieux château, de la destruction duquel on ignore l'époque. Cette position à une faible distance de la voie mérite un examen plus attentif.

Un peu au nord du même moulin du Chesne-Poirier, la voie descend dans un vallon formé par un assez fort ruisseau qui se décharge dans la Vilaine, près du Pont-Loüet. Elle passe tout près et à l'est de l'ancien manoir de la Praye, où, selon une tradition recueillie par M. Gaudin, la duchesse Anne et les sires de Rohan, seigneurs de Blain, *faisaient halte*, probablement en se rendant à Rennes. Cette tradition s'explique assez naturellement, quand on saura que dans toute la traverse de Fougeray, comme en beaucoup d'autres lieux de la Bretagne, la voie porte le nom de *Chemin de la duchesse Anne*, et que les paysans, qui s'occupent beaucoup plus d'antiquités qu'on ne le croit communément, ont ouï dire que ce chemin venait de Blain, principale demeure des Rohan en Bretagne.

Malgré l'état de culture de toute cette vallée de la Praye, il n'est pas fort difficile de reconnaître et de suivre la voie dans le chemin qui conduit à la chapelle, aujourd'hui abandonnée, de Braudeneuf ou plutôt *Brandeneuc*.

A une lieue à l'ouest de cette chapelle, et conséquemment de la voie, se trouve, sur une hauteur et à peu de distance de la Vilaine, le village du *Chastellier*, dont le nom si répandu indique presque partout une enceinte fortifiée.

C'est tout auprès de ce village que, sur un rocher abrupte pendant sur la même rivière et dans le site le plus pittoresque, existe une ruine que le nom de l'*Ermitage*, qu'elle porte encore, a fait prendre pour l'ancienne retraite de quelque cénobite. On y voit des restes de murs de l'enceinte et de l'habitation, ainsi qu'un énorme bloc de pierre bleue creusé profondément. Cet ermitage pourrait bien avoir quelque rapport avec les anciens ouvrages militaires du Chastellier. Je provoque encore ici un nouvel examen.

Au-delà de la chapelle de Brandeneuf, la voie s'élève avec le coteau pour parvenir à une vaste lande, au travers de laquelle son sillon très-apparent s'avance et atteint, après un parcours de plus de 2000 mètres, au village de Gras-Aulnay, en la paroisse de Messac. Après ce village, la voie traverse une autre lande et arrive au village de la Besnerais, puis à la chapelle de Noë-Blanche; puis elle descend dans une vallée où se réunissent plusieurs ruisseaux, après avoir passé successivement aux villages du Plessis-Tenet, de la Brosse, de la Liais et de Carfort. Là elle coupe la nouvelle route de grande communication de Messac à Bain, bourgs qu'elle laisse à gauche et à droite, à peu près à égale distance.

Ce croisement s'opère dans une lande basse et plate nommée la lande du Poué, et dont le sol d'argile a recouvert ou détruit la voie, car il m'a été impossible de l'y reconnaître; il en a été ainsi dans le chemin creux qui conduit aux landes de Bagaron, en passant très-près et à l'ouest des villages du Rablet et du Fresne. Mais un renseignement local m'ayant appris que ce chemin creux formait limite entre les paroisses de Bain et de Messac, j'ai pensé qu'il avait très-probablement remplacé la voie romaine, qui, depuis le village de Gras-Aulnay jusqu'à ce chemin, délimite les mêmes paroisses.

Avant d'aller plus loin, il faut que je parle d'un ouvrage militaire situé sur la route de Messac, à un quart de lieue de Bain, et nommé le *Château du Coudray*. Ce qu'on en aperçoit d'abord, c'est un monticule sur lequel est établi l'un des télégraphes de la ligne de Nantes à Rennes. Cette petite enceinte, de 60 pieds de diamètre, est défendue par un fossé de 25 pieds de largeur et de 15 pieds de profondeur. Au midi, une autre enceinte demi-circulaire est jointe à la première et défendue elle-même par un fossé de 15 pieds de largeur et de 6 de profondeur. A l'ouest de ces deux ouvrages, on remarque d'assez gros fossés qui paraissent former une troisième enceinte plantée d'une châtaigneraie, et dans laquelle est une chapelle sans caractère architectural, paraissant avoir été construite dans le XVII.e siècle, et nommée aussi du Coudray. Il est évident qu'il y a eu ici un système de fortification dont les ouvrages, tous en terre, doivent remonter à une époque fort reculée, et avoir été en rapport avec la voie romaine qui passait à trois quarts de lieue de là, vers l'ouest, mais qui, de ce point très-élevé, pouvait être observée depuis les landes de Fougeray jusqu'à celles de Bagaron, dans un développement de presque trois lieues. Ce monument est dans la commune de Bain. Aucune tradition n'y est attachée, si ce n'est qu'il a appartenu à un duc de Lizerne que personne ne connaît. Au reste, j'y ai vainement cherché des restes de murailles, même modernes. Je n'y ai non plus trouvé aucun débris romain.

Un autre monument qui me paraît d'une antiquité beaucoup plus reculée, et qui, selon moi, n'a aucun rapport avec la voie, quoiqu'il n'en soit éloigné que d'un kilomètre à l'est, ce monument, dis-je, se trouve placé dans la même commune de Bain, au milieu des bois de *Veriac*, dépendant de la métairie de la Cariais, qui n'en est éloignée que de quelques cents mètres. C'est un tumulus de forme parfaitement circulaire, entouré d'un fossé de 40 pieds de largeur et de 10 de profondeur, creusé dans l'argile, et dont le déblai a dû élever le cône aplati de ce tumulus, qui n'a pas moins de 45 à 50 pieds de hauteur, et dont le sommet donne un diamètre de 120 pieds. Le contour, mesuré au fond du fossé, est d'environ 480 pieds. Il n'y a ici aucune enceinte militaire, et le tumulus n'a jamais pu servir de poste de sûreté, puisque aucune entrée ne paraît y avoir été ménagée, et que ce n'est pas sans difficulté qu'on parvient, encore aujourd'hui, à en atteindre le sommet, autour duquel il n'y a d'ailleurs, comme je l'ai vu quelquefois, aucun parapet ni épaulement pour la dépense. Ce sommet, au contraire, retombe de tous les côtés, et présente partout une surface convexe.

On m'a indiqué dans la commune de Fougeray, au village de *Cherhal*, à une lieue à l'est du clocher, un monument semblable en tous points, et qui est inédit, comme celui que je viens de décrire.

J'ai dit plus haut que la voie devait se rendre à la lande de Bagaron, dans la direction d'un chemin creux qui l'a remplacée, et qui sert encore de limite entre Bain et Messac. Ce chemin passe à quelques cents pas à l'ouest du village du Fresne, et tout près d'un entassement naturel d'énormes roches de grès quartzite, au-dessus duquel on commence à retrouver la voie, divisée dans sa longueur par la haie occidentale d'un grand champ, plantée sur le milieu de l'agger, dont on voit encore l'empierrement, surtout en dehors du champ. C'est ainsi qu'elle va croiser le chemin vicinal de Bain au *Pont-Neuf* sur la Vilaine.

Ce *Pont-Neuf*, éloigné de la voie de trois quarts de lieue à l'ouest, passe, dans tout le pays, pour un pont non-seulement romain, mais qui aurait eu l'honneur d'être bâti par César, quand il alla faire la guerre aux Venètes. On a trouvé, dit-on, il y a 60 ans, dans une pile de ce pont, démolie pour élargir le chenal, des pièces en *fer* et en cuivre, à l'effigie du conquérant des Gaules; mais tout cela n'est autre chose que conjectures de ces demi-savants qui veulent tout expliquer, qui voient partout le général romain, et trouvent tout dans ses commentaires, dont ils ont péniblement traduit quelques pages au collége. Quant au *Pont-Neuf*, il ne m'a présenté rien de romain dans sa maçonnerie. C'est un pont du moyen âge, qu'un seigneur du canton était obligé d'entretenir à ses frais, avant la Révolution, et qui s'est depuis écroulé faute de réparations. Il a été remplacé par un bac. En me voyant l'examiner avec attention, on me prit pour un ingénieur, et on me demanda si j'allais le faire reconstruire. Je laissai cet espoir à un certain nombre d'assistants, et j'emportai leurs bénédictions, avec un fragment de mortier de l'une des culées, qui a acquis réellement une très-grande dureté, mais qui n'est point du ciment romain. Les savants dont j'ai parlé m'avaient aussi assuré qu'au bout de ce pont on trouvait un chemin pavé qui était romain. J'ai cherché ce chemin, je l'ai demandé, et personne du lieu n'a pu me l'indiquer. Revenons donc à la véritable voie romaine.

Après le chemin rural de Bain au Pont-Neuf, commencent les immenses landes de Bagaron, qui s'étendent sur plusieurs mamelons séparés par des gorges assez profondes, dans l'une desquelles a été, pour ainsi dire, cachée la petite et modeste chapelle de Saint-Melaine. La voie, parfaitement pavée au bas de ces collines, disparaît en les gravissant. Il est probable que, dans cette pente fort rapide, l'effort des eaux l'a détruite, en laissant à nu la roche grèseuse du sous-sol. Mais aussitôt qu'on a atteint la plaine, on reconnaît très-facilement le sillon de la voie, accompagné de ses deux contre-fossés, et présentant un profil en travers dont voici les dimensions : — L'agger a 8 mètres de largeur ; chacun des côtés plats de l'agger, 7 mètres ; ce qui fait 22 mètres de largeur totale entre les contre-fossés, qui ont chacun 5 mètres de base ; — total général, 32 mètres. Je donne ces mesures, parce que ce n'est que dans nos landes bretonnes qu'on peut retrouver les voies romaines dans leur forme primitive, tandis que presque partout ailleurs il n'en est resté que l'agger empierré, c'est-à-dire la partie la plus résistante. C'est ce qui fait que beaucoup de personnes ne donnent aux voies romaines qu'elles ont observées, qu'une largeur de 18 à 20 pieds, parce qu'en effet elles n'en ont retrouvé que l'ossature, quand les côtés plats et les contre-fossés ont disparu sous les terres cultivées.

A l'endroit où nous sommes parvenus, la voie suit côte à côte, vers l'ouest, le fossé d'une très-grande pièce en lande, nouvellement enclose par M. Lanjuinais, ancien ingénieur géographe, au-dessus de la chapelle de Saint-Melaine. En creusant ce fossé, on a rencontré une petite quantité de fragments de tuiles à rebord, d'un rouge éclatant. Il est probable qu'une petite maison gallo-romaine aura existé dans cet endroit.

Au-delà et avant d'entrer dans les clôtures de la terre du Plessix-Bardoul, la voie est très-fréquemment coupée par des ornières, qui quelquefois l'ont attaquée profondément. Ces ornières ont mis à découvert l'amas pierreux dont l'agger est formé. Ce sont des fragments gros comme le poing d'un grès stéa-schisteux, qui est la roche de la localité.

La voie entre ensuite dans une pâture en lande dépendant de la terre du Plessix-Bardoul, à moins de cinquante pas à l'ouest du coin formé sur la lande par le fossé de cette pièce, dans laquelle la voie est encore parfaitement conservée.

Il n'en est pas ainsi dans le bois taillis, au nord de cette pâture. Elle y est cachée sous un fourré rendu plus épais par de nombreux ajoncs. Mais, en suivant le fossé oriental de ce bois, on l'aperçoit sortant de ce fossé, un peu avant d'être arrivé à l'entrée d'une longue avenue qui conduit au manoir du Plessix-Bardoul.

A partir de cette avenue, la voie, qui était depuis fort longtemps un chemin vicinal conduisant au bourg de Plechastel, a été récemment réparée. C'est ainsi qu'elle passe aux villages de l'Aubaudais et de la Faroulais. A la sortie de celui-ci, le chemin vicinal prend un peu à gauche, pour se rendre à Plechastel, et la voie, continuant sa direction nord, traverse une petite lande où elle est très-apparente, puis descend, par une pente très-rapide et très-ravinée, vers un village nommé à la fois la *Grée* et la *Motte*, mais qui, sous aucun de ces noms, n'est marqué sur la carte de Cassini, où il devrait être placé un peu à l'ouest de celui de Mardin. Au bas du coteau, se trouve un chemin très-bien pavé, et qui est évidemment un reste de la voie.

La maison qui porte particulièrement le nom de la *Motte*, l'a reçu d'une assez grosse motte ou amoncellement de terre placé en face et à quelques pas au midi de cette maison. Cette motte n'est pas circulaire: elle a une forme allongée, et une hauteur d'environ 20 pieds. On ne peut trop en expliquer la destination. Peut-être a-t-elle fait partie de quelque fortification, dont le ruisseau à bord escarpé qui défend au nord la maison de la Motte, pourrait donner l'idée. Quoi qu'il en soit, cette motte est un ouvrage considérable et de main d'homme.

Dans le chemin de quelques cents pas qui mène de la Grée à l'ancien petit manoir du Perray, la voie a entièrement disparu. La roche schisteuse qui s'y montre à nu, a été facilement creusée de l'un et de l'autre côté du petit ruisseau très-encaissé dont je viens de parler.

Au Perray, on reconnaît encore que ce manoir a été construit sur la voie même. Au-delà, elle est entièrement méconnaissable, et tout ce que l'on peut faire, c'est de supposer qu'elle suivait un très-mauvais petit chemin de 8 à 10 pieds de largeur, mais tracé en ligne droite. Ce chemin, par une légère déviation à gauche, conduit au *Grand-Moulin* placé sur la rivière du Semnon; et qui, indiqué sur la carte de Cassini, n'y porte aucun nom. On m'avait dit et j'avais pu croire que la voie traversait la rivière sur la chaussée de ce moulin; mais le meunier me donna les explications les plus précises sur l'*ancienne grande route* qui passait *il y a bien longtemps* dans son voisinage. C'est à quelques cents mètres au-dessus du Grand-Moulin que la voie franchissait le *Semnon*, qui sépare les paroisses de Pléchastel et de Bourg-des-Comptes. On la remarque, à ce passage, dans un champ nommé le *Refour*, situé en Pléchastel, et, sur la rive droite, dans un autre champ nommé le *Chasseloup*, situé en Bourg-des-Comptes.

Avant de passer le Semnon, il faut que je dise quelque chose de cette petite rivière, qui, prenant sa source à Senones, ou plus exactement *Fontaine-Semnone* (1), c'est-à-dire source du Semnon, vient, après un cours très-accidenté de quatorze lieues, verser dans la Vilaine, près du bourg de Pléchastel, ses vives et abondantes eaux et celles de ses nombreux affluents. Elle servait, suivant la Chronique de Nantes, de limite septentrionale à cette sorte d'évêché dont on laissa la jouissance à Gislard, après sa

---

(1) Senone est un bourg de l'Anjou, sur la frontière de la Bretagne. Ménage, dans son Histoire de Sablé, rappelle un *Stephanus de Senonâ*, fondateur, en 1050, du prieuré de Brion, près de Beaufort. Une famille de Senone existe encore en Anjou, mais il est douteux qu'elle se rattache aux Senone du XI.e siècle. Son véritable nom est, dit-on, La Motte-Baracé.

déchéance du siége de Nantes, auquel l'avait appelé la faveur de Nominoé, qui en avait dépossédé Actard ; petit évêché qui, dans la suite, est devenu l'archidiaconé de *la Mée, Media*. Voici les termes de la Chronique : .... *totam parochiam Nannetensem rescidit à fluvio* HERBDE (l'Erdre), *usque* VICENONAM (la Vilaine) *et* SEMENONEM (le Semnon ou Semenon). Les bénédictins collecteurs des preuves de l'Histoire de Bretagne, 1. 140 et 147, ont traduit le nom *Semeno* par *Sèvre*, et se sont grandement trompés. Ce que je viens de rapporter prouve que l'évêché de Nantes s'étendait, au IXe siècle, jusqu'au Semenon. Une charte de Marmoustier, rapportée *ibid.* 417, nous apprend qu'il en était encore ainsi au XIe. Il y est question d'un procès concernant l'église de Saint-Sauveur de Bairé, porté à la juridiction de l'évêque de Nantes Quiriac, *cujus præsulatui ecclesiæ subjacent omnes, inter Cheram* (la Chère) *et Semenonem fluvios consistentes, inter quas et Bairiensis illa consistit.*

Le bourg de Plechastel est placé à un demi-quart de lieue de la voie, qui passe à son levant. *Ple-chastel* signifie, en breton, paroisse du *Chasteau* ou du *Camp*. On en trouve la mention dans le Cartulaire de Redon, comme existant au IXe siècle : *Dedit Salomon rex partem dimidiam* PLEBIS-CASTEL *quæ sita est super fluvium Visnoniæ in pago Redonico*. D. Mor., Hist. de Br., pr. 1. 328. Ce nom de *Castel, Chastel* et le voisinage de la voie romaine me paraissent indiquer que dans ce lieu devait exister un camp d'une certaine importance, puisque ce camp a servi à former le nom de la paroisse. Mais n'ayant pu vérifier s'il en existe encore des vestiges, comme je suis très-porté à le croire, j'ai dû, à regret, laisser à un explorateur plus heureux cette vérification et bien d'autres.

Après avoir passé le Semnon à l'endroit que j'ai indiqué ci-dessus, la voie arrive au village de la *Chaussée*, à qui elle a donné le nom. On en trouve là des vestiges fort apparents, et un laboureur en a rencontré le pavé dans un pré qu'il voulait baisser. Des fouilles récentes ont fait découvrir au même village des tuiles à rebord, et M. Robiou, propriétaire de la terre de la Chapelle, située près du village, a rencontré, en creusant les fondements de sa maison, non-seulement des tuiles à rebord, mais encore quelques monnaies romaines. Ce renseignement exact et intéressant m'a été fourni par M. Hipp. Vatar, sous-bibliothécaire à Rennes.

De la *Chaussée*, la voie se dirige par la ferme de la *Rue*, ancien manoir dépendant de la terre du Boschet, appartenant à Mgr. Saint-Marc, évêque de Rennes. On la reconnaît assez facilement dans le chemin qui longe les bâtiments d'exploitation.

A l'est de cette métairie, au milieu d'un bois, existe un immense affouillement, dans un fonds d'argile jaunâtre, qui paraît ne contenir aucune sorte de pierre. Cet affouillement n'ayant point de forme régulière, aucun fossé d'enceinte, il est impossible d'y voir un ouvrage militaire. On peut dire seulement que c'est un travail très-ancien, et l'une des nombreuses conjectures qui ont été faites à ce sujet, celle qui veut qu'il y ait eu là une poterie, n'est peut-être pas à rejeter. Poterie, briqueterie ou tuilerie, il a dû en sortir des produits considérables. Il est fâcheux, pour la conjecture, qu'il n'en soit pas resté ici pour preuve le plus petit tesson. Au moins ne l'ai-je pas rencontré en parcourant cette vaste carrière dont une partie est devenue marais.

Après la métairie de la Rue, le chemin-voie descend au village du même nom, où j'ai remarqué en passant un manoir du XVI.ᵉ siècle, bâti avec soin et bien conservé, quoiqu'il soit devenu le logis d'un fermier. Il faut, de là, descendre encore pour traverser, dans un encaissement de plus de cent pieds, un faible ruisseau, qui, sous le Bourg-des-Comptes, va se jeter dans la Vilaine. Une rampe a été ménagée sur la rive gauche pour gravir le coteau, au haut duquel la voie coupe d'abord le chemin de Bourg-des-Comptes à Poligné, puis celui allant du même bourg à Belair, où il s'embranche avec la grande route de Bain à Rennes. Ces coupures ont lieu à moins de 500 mètres à l'est du Bourg-des-Comptes.

Le nom de ce bourg s'écrit le plus communément Bourg des *Comptes*, ce qui me paraît une faute sous tous les rapports. D'autres l'ont écrit bourg des *Comtes*, *Burgus Comitum*, ce que rien ne justifie. Dans le Cartulaire de Redon, on trouve la première mention qui, je crois, ait été faite de cette localité. Vers le milieu du 9.ᵉ siècle, Salomon, roi de Bretagne, donne au monastère de Saint-Sauveur de Plelan, le même que celui de Redon, dont les moines s'étaient réfugiés à Plelan, un lieu nommé *Macoer, quæ alio nomine vocatur Valium Medon in pago Redonico in plebe quæ vocatur* Combs.

En 1240, Gaufrid de Pouancé, en mariant sa fille Thomase à André de Vitré, lui donna ce qu'il pouvait posséder dans les bourgs et paroisses, *in burgis et parochiis de*

Buxeria juxtà Chevreium (la Rouexière, près de Chevré), de Cons, *de Lalleio* (Laillé), *de Orgeriis* (Orgères), *de Burgo-Barré* (Bourg-Barré), *de Novetoul* (Nouvoitou), etc., etc.

Il paraîtrait résulter de ces documents que le véritable nom serait *bourg de Combs ou Cons*, changé, par une prononciation fautive et toutefois prétentieuse, en *Comptes* ou *Comtes*. Les habitants disent *Bourg-Cons* (1).

Ogée dit « qu'à peu de distance du bourg, est un monticule de terre d'environ 40 à 50 pieds de hauteur, qui se termine en forme de cône ; que ce monticule paraît avoir été fait à dessein, mais qu'on ne sait à quel usage il servait. » Je n'ai point vu ce monument, je le note ici pour mémoire.

Je crois devoir faire observer ici que, depuis le village de la Chaussée jusqu'à la hauteur du Bourg-des-Comptes, les vestiges de la voie sont rares et difficiles à reconnaître. Mais ce qui prouve qu'elle prenait cette même direction, c'est non-seulement que le chemin que nous avons suivi

---

(1) Si je ne craignais de tomber dans les mêmes erreurs que tant d'honnêtes étymologistes, je pourrais dire que le bourg *de Combs* est le bourg des *Vallées*, des *Combes*; et peu de territoires justifieraient mieux cette conjecture par de continuelles ondulations. On trouve dans Davies le mot gallois *cwmm*, vallis ; dans Camden, *Comb*, convallis ; dans D. Lepelletier et Legonidec, *Combant*, *Koumbant*, vallon ; *Cumba*, en basse latinité, vallée ; *Combe*, en vieux français, encore usité dans beaucoup de provinces et qui entre dans la composition d'une infinité de noms de lieux. Tout cela paraît assez concluant, mais le sage dit : Dans le doute abstiens-toi.

conserve presque partout la ligne droite, mais que, malgré sa dégradation, son état de ruine et en quelques endroits son excessif rétrécissement, le nom de *Grand-Chemin* lui a été conservé; et j'eus lieu de me convaincre de la ténacité de cette tradition, en suivant le guide que j'avais pris dans le pays, simple et pauvre journalier, qui, laissant de côté des chemins larges et fréquentés, me conduisait, sans le moindre défaut, dans ce *Grand-Chemin* où j'avais quelquefois beaucoup de peine à guider mon cheval. Ce nom traditionnel me paraît une preuve convaincante que la ligne que j'ai suivie est bien la continuation de cette voie romaine reconnue, sans contestation, sur les landes de Plechastel, et que nous allons retrouver tout à l'heure.

C'est ainsi que je suis arrivé à la croix du village des Noës, à un quart de lieue au nord-est du clocher de Bourg-des-Comptes. C'est ici qu'un chemin vicinal, sortant de ce bourg et allant à celui de Laillé, a été tracé sur la voie même; et nous sommes bien assurés que c'est elle par la quantité considérable de pierres qui en est sortie, toutes cassées à la grosseur du poing, sorte de macadamisage que j'ai déjà reconnu ailleurs. Ces pierres sont destinées à être concassées plus menu pour empierrer ce nouveau chemin vicinal, suivant la méthode actuelle.

La voie ainsi réparée va jusqu'au manoir de la Rivière Cherel, et franchit tout auprès un ruisseau qui sert de limite aux paroisses de Bourg-des-Comptes et de Laillé. Après ce ruisseau, et en remontant le coteau, on ne trouve plus que le roc mis à nu, qui est une sorte de phyllade grau-wacke. Au haut du chemin, il faut incliner un peu à droite et aller passer tout près et à l'ouest du village de

Gripail, au-dessus duquel on rencontre un fragment de la voie de plus de 200 mètres, encore fortement pavé, et se dirigeant au nord. La voie entre ensuite dans une pièce labourée, coupe un chemin vicinal et se rend, au travers d'une pièce de lande, dans le bois de Treviguel, où elle entre tout auprès d'une carrière considérable de grès quartzite, qu'on exploite en ce moment pour paver les quais de Rennes. De cet endroit on juge, par la direction connue et suivie jusqu'ici, que la voie, traversant ce bois taillis et descendant dans le vallon formé par la réunion de plusieurs ruisseaux, et où il doit être assez difficile de la reconnaître, va passer entre les fermes de la Fresnaye et du Bas-Gourdet, et se dirige vers le bourg de Laillé, en remontant le coteau très-boisé et bien cultivé au haut duquel s'allonge la flèche maigre du clocher de cette paroisse.

On a conservé dans cette localité la tradition d'un *vieux grand chemin* qui passait dans le voisinage, et l'on m'a même indiqué le village du *Pasty*, à l'ouest et à très-peu de distance du bourg de Laillé, comme le point où l'on peut reconnaître quelques vestiges de ce vieux grand chemin. On pourrait croire, d'après cela, et en ne quittant point notre direction nord, que la voie aurait longé à l'est les bois dépendant du château de Laillé, et, passant par les villages des Cormiers, de la Clôture et de la Rivière-Bizais, serait allée franchir la rivière de Seiche, au-dessous du village de la Haye. Mais je dois avouer que, dans ce trajet de 5 kilomètres, je n'ai aucun renseignement précis à présenter. A peu près à moitié chemin, cette ligne laisse à 200 mètres vers l'est le village à chapelle de Teslé, qui est certainement un lieu fort anciennement habité, et qui a donné son nom à une vaste lande qui l'avoisine et qui est traversée par la grande route de Rennes à Nantes. Je présume qu'une partie de la ligne que j'indique doit servir de limite entre les paroisses de Brutz et de Saint-Erblon. Nous allons bientôt nous guider vers Rennes à l'aide de remarques analogues.

Mais avant de passer sur la rive droite de la Seiche, je dois parler d'une enceinte fortifiée placée près de l'embouchure de cette rivière dans la Vilaine. Au-dessus des rochers de Cahot, ainsi nommés d'un village voisin, et qui, pendant plus d'un quart de lieue, forment, le long de la Vilaine, une sorte de muraille de plus de 300 pieds de hauteur, se trouve une plate-forme entourée d'un retranchement et fossé qu'on nomme les *Chastelliers*, et où la tradition place un camp romain. Ce point n'est éloigné que d'une demi-lieue de la ligne que j'assigne à la voie. Ce camp, placé, comme celui de Plechastel, au confluent de deux rivières, a encore avec lui une autre analogie dans son nom des *Chastelliers*, qui signifie *ouvrage militaire, château, camp.*

Le village de la Haye, dont j'ai parlé ci-dessus, et où je fais passer la voie, après qu'elle a traversé la rivière de Seiche, est partagé en deux parties : l'une à l'ouest, dépendant de la paroisse de Brutz ; l'autre à l'est, dépendant de la paroisse de Chartres. Cette singularité, que j'ai déjà remarquée ailleurs, et entre autres au village de la Guittonnais, sur la voie de Blain à Nantes, me semble annoncer que le village de la Haye a été bâti des deux côtés de la voie que nous explorons, qui, antérieure à l'arrangement des paroisses de Brutz et de Chartres, a été choisie pour leur limite respective, et leur en sert encore aujourd'hui. Un examen attentif des lieux pourrait peut-être nous apprendre s'il existait un pont sur la Seiche, vis-à-vis de ce village de la Haye, pont qu'aurait remplacé celui qui a été construit lorsqu'on a tracé la grande route de Rennes à Nantes, sous le gouvernement en Bretagne du duc d'Aiguillon, et qui est connu sous le nom de *Pont-Péan*. Les anciens titres fonciers de la localité pourraient donner à cet égard quelques lumières. J'ai seulement recueilli des renseignements qui apprennent que l'ancienne route passait au village de la Haye; ce qui prouverait que le vieux Pont-Péan n'était point à la place du nouveau, mais à 3 ou 400 mètres au-dessous.

Le village de la *Chaussairie*, situé en majeure partie sur la grande route moderne, a pu recevoir son nom de la voie-*chaussée* qui en passait à très-peu de distance vers l'ouest. Au-delà et s'avançant toujours vers le nord, la limite de Brutz et de Chartres se poursuit, à travers champs, jusqu'à la grande route, vis-à-vis de la jolie maison du Marais. Là est le point conjonctif de ces deux paroisses et de celles de Chastillon et de Saint-Jacques, qui, jusqu'au pont de Blône, sont limitées par la grande route actuelle.

Tout ce pays est tellement cultivé, qu'on peut difficilement y retrouver des vestiges de la voie; mais cette antique délimitation des paroisses n'est point un renseignement à dédaigner, lorsque, dans tous les pays, il a été reconnu que ces limites avaient été posées sur de grandes longueurs de voies romaines, et que celle-ci continue très-exactement cette ligne que j'ai suivie pendant 18 lieues, de Blain à

Rennes, avec des résultats plus ou moins heureux dans mes recherches. Depuis Bourg-des-Comptes, je n'ai pu donner que des conjectures, appuyées sur la raison, assez plausible, que la voie reconnue jusque-là doit avoir un bout, et que c'est à Rennes que ce bout doit se trouver.

Je ne puis rien dire autre chose pendant la petite lieue qui sépare le pont de Blône de Rennes. Je ne puis non plus préciser le point par où la voie entrait dans l'étroite enceinte du *Condate* romain. Cependant, je présume que ce devait être par la porte Aiviere, *aquaria*, qui était située au bout de la petite rue de l'Isle, faisant la continuation de la rue de la Parcheminerie. J'ajouterai même à cette nouvelle conjecture que la voie devait y arriver en passant près de la chapelle de la Magdeleine, encore subsistante, quoique changée en une manufacture de plomb à giboyer, et que, quittant la rue du Faubourg-de-Nantes et prenant à gauche, aux maisons nommées la *Teillais*, elle suivait un chemin qui passe à l'est et au joignant de l'arsenal, et arrive vis-à-vis le Champ-Dolent. Là, les fortifications élevées en 1421 par Artur de Bretagne, et qu'on nomme aujourd'hui les *Murs*, ont dû changer entièrement l'état ancien de la localité, et le bizarre entassement de baraques dans le faubourg du Champ-Dolent ajoute encore à la difficulté d'y rien reconnaître.

D'un autre côté, la porte *Aivière* a disparu depuis longtemps; mais le vieux mur de l'enceinte gallo-romaine existe encore en partie, des deux côtés de l'emplacement de cette porte. La maçonnerie romaine ne se retrouve, à la vérité, que dans la base de ce mur, dont toute la partie supérieure est une reconstruction peu ancienne et de diverses époques, à de très-faibles fragments près, dans l'un desquels j'ai reconnu l'*opus spicatum* des Romains, c'est-à-dire ces assises de pierres posées de champ et inclinées en sens inverse pour chaque assise; ce qui forme une sorte de feuille de fougère. Cette maçonnerie m'a paru grossièrement traitée; mais le ciment, par sa dureté et son aspect gypseux, ne m'a laissé aucun doute sur son origine gallo-romaine. Ce fragment est placé à quelques pas à l'est de la rue du Cartage, aboutissant sur le nouveau quai du canal. C'est près de là qu'on a trouvé, lors des premières fouilles pour l'exécution de ce canal, quelques fragments de poterie romaine, un grand nombre de médailles, et un petit nécessaire de toilette, en bronze, dont les pièces, enchaînées dans un anneau, se composent d'une pince épilatoire, d'un cure-dent, d'un cure-oreille et d'un poinçon semblant destiné à nettoyer les ongles. M. le docteur Aussant, de Rennes, a rendu compte de cette découverte dans l'une des séances archéologiques tenues à Rennes, en 1840, par la Société française pour la conservation des monuments historiques, sous la présidence de M. de Caumont. Ce n'est ici qu'une faible partie des antiquités romaines trouvées à Rennes en différents temps et en divers lieux, découvertes assez importantes pour mériter un chapitre particulier qui ne peut trouver place ici.

La partie de l'ancien mur dans lequel se trouvait la *porte Aivière*, existe encore depuis la rue de la Poissonnerie jusqu'à Saint-Yves. Le couvent des religieuses du Calvaire et l'hôtel de Claie, à l'intérieur de la ville, avaient appuyé dessus quelques bâtiments et leurs terrasses. En dehors, on y avait attaché une quantité de baraques, que les nouveaux travaux ont fait disparaître pour former le quai ; en sorte que le mur gallo-romain, ou, du moins, celui qui a été élevé sur ses antiques fondations, se montre aujourd'hui à découvert et paraît former l'alignement des bâtiments à construire sur le quai. Cet alignement sera bientôt pour lui une cause de ruine, et il serait important qu'on levât le plan de ces parties de l'ancienne enceinte, qu'on ne reconnaît déjà plus en beaucoup d'endroits, parce que les anciens plans l'ont tout à fait négligée. On conçoit, en effet, que depuis la construction de la muraille extérieure par Artur de Bretagne, les fortifications qui longeaient la rive droite de la Vilaine, étaient devenues à peu près inutiles, et c'est ainsi qu'elles avaient été détruites en quelques parties, et, en d'autres, encombrées de bâtiments. Un plan de l'enceinte gallo-romaine de l'antique capitale des Redones serait donc un travail curieux, et d'autant plus intéressant qu'on pourrait, avec fruit pour l'histoire de l'occupation des Gaules par les Romains, comparer cette enceinte avec celles des autres cités du même temps, dont on s'empresse partout de retrouver avec exactitude et les murailles et la configuration.

Blain, juin 1844.

NANTES, IMPRIMERIE DE M.me V.e CAMILLE MELLINET. — 40,974.

VOIE ROMAINE

DE BLAIN

VERS CHASTEAU-BRIANT ET LE BAS MAINE,

PAR M. BIZEUL.

Cette voie, depuis Blain jusqu'au passage de Pont-Veix, sur la rivière du Don, c'est-à-dire pendant près de quatre lieues, est la même que celle de Blain à Rennes, que j'ai décrite dans le chapitre précédent, et qui, conservant partout une ligne presque droite du Midi au Nord, me paraît devoir être considérée comme la voie principale, dont celle de Chasteau-Briant n'est qu'un embranchement.

Cet embranchement prend naissance, ainsi que je l'ai déjà expliqué, à ce passage de Pont-Veix, et prenant au N.-E., inclinant un peu au S. il forme, avec la voie de Rennes, un angle de 50 à 60 degrés. Il est difficile de suivre la voie depuis Pont-Veix jusqu'aux villages du Feillay et du Chesne-Rouaud. Les terres cultivées et le bas fond du ruisseau d'Anguerdel l'ont fait disparaître presque entièrement. Mais au-dessus du Chesne-Rouaud, elle devient fort apparente en remontant le coteau pour aller passer à 100 pas au S. du moulin à vent du Clairay, vis-à-vis duquel elle traverse une pièce nouvellement enclose et défrichée, et dans laquelle l'*agger* a dû donner bien du mal aux défricheurs, car malgré la grande quantité de pierres qu'ils en ont tirée, cet agger ou dos d'âne est encore parfaitement marqué.

Au-delà du moulin du Clairay, la voie se dirige à travers la lande vers le fossé de clôture de la terre du Fouais-des-Bois, garni d'une forte bordure de pins; elle suit assez longtemps ce fossé, et, dans ce trajet, elle a été plantée d'un rang de châtaigniers encore jeunes. Elle entre bientôt dans un étang desséché et mis en culture, dont elle longe le fossé méridional. Elle passe ensuite au bout septentrional de l'avenue du château moderne du Fouais-des-Bois et entre dans les bois d'Indre, dépendant autrefois de la baronnie de Chasteau-Briant, et actuellement de la terre du Fouais-des-Bois, qui appartient à M. de la Haye-Jousselin, député de la Loire-Inférieure.

Il m'a été impossible de suivre la voie dans ces bois; mais, en en sortant par la nouvelle avenue que M. de la Haye-Jousselin a fait percer en ligne droite du Fouais-des-Bois à la grande route de Nantes à Rennes, on l'aperçoit tout près et au Midi de la barrière, sous la forme d'un gros sillon d'environ 30 pieds de largeur et de 2 pieds et demi d'épaisseur. Les contre-fossés ont à peu près disparu dans la lande, que la voie parcourt, pendant environ 300 mètres, pour aller couper la grande route, lande qui, n'ayant point été défrichée, aurait dû en conserver l'empreinte, si son sol argileux n'avait pas subi de dépression et n'avait pas été raviné par les eaux en quelques parties. Quoi qu'il en soit, on reconnaît parfaitement la voie, qui suit parallèlement au midi, et à quelques pieds de distance, la prolongation de l'avenue nouvelle dont j'ai parlé. Elle traverse la grande route dans cette même direction entre la 50.e et la 51.e borne, mais plus près de la 50e.

A l'E. de la route, la voie est tranchée dans sa longueur par le fossé Nord d'une pièce récemment labourée, puis elle va passer à un kilomètre au Midi du village de la Tirardière, entre dans des pièces cultivées; coupe à angle droit le chemin de Derval à Jans, traverse plusieurs pièces nouvellement encloses, dépendant de la terre de la Garrelais, au Midi et à peu de distance d'un étang, qui en dépend également. Bientôt, passant dans des champs placés à l'O. du village de la Cochaudais, elle arrive à ce village dont plusieurs maisons ont été construites sur la voie même. La Cochaudais n'est pas marquée sur la carte de Cassini; mais elle doit être située près du village de la Rotte, qu'on y trouve, si la Cochaudais ne fait pas partie de ce village même.

De là, la voie se rend, en ligne parfaitement droite, au village de la Chesnaie, en la paroisse de Lusanger, en traversant une petite lande, où elle est admirablement conservée.

A trois quarts de lieue, au N. O., du point où nous

sommes parvenus, se trouve le château de Derval. Il est un peu moins éloigné au N.-E. du bourg du même nom. On ne sait pas bien si c'est du bourg ou du château qu'une famille noble, dont l'origine se perd dans le XII.e siècle, et qui est éteinte depuis longtemps, a pris son nom. Ce château était une petite place très-forte, divisée en deux enceintes. La principale avait une forme carrée et était armée de quatre tours placées à chaque coin. Un fossé large de plus de 60 pieds, ayant 12 à 15 pieds de profondeur et qui est encore plein d'eau, en défendait l'approche. Au Nord et à l'Ouest un second fossé, entre escarpe et contre-escarpe, la défendait également. Au midi, l'escarpe était baignée par les eaux d'un vaste étang, qui s'écoulait dans tous ces fossés et rendait, de ce côté, toute attaque impossible. A l'est, séparée par le grand fossé du château, existait une seconde enceinte murée, d'une forme à peu près carrée, mais tellement ruinée qu'on ne distingue plus l'emplacement des tours qui devaient la défendre. Elle était entourée au Midi, à l'Est, et probablement au Nord, d'un fossé de mêmes dimensions que celui de l'enceinte principale, avec escarpe sur l'étang et sur un contre-fossé.

Si tous ces ouvrages de fortification étaient en terrassements, on prendrait facilement le château de Derval pour un camp romain à double enceinte, comme j'en ai rencontré si souvent en Bretagne, et je crois pouvoir reproduire ici une conjecture que je trouve de plus en plus probable, et de laquelle j'ai fait plus d'une application. C'est que ce château, dont la fondation se perd dans la nuit du moyen-âge, a été construit sur un camp romain. Il n'était qu'à une lieue et demie du château de Fougeray, dont j'ai parlé dans le chapitre précédent, et il semble que ces deux camps, devenus l'un et l'autre châteaux, étaient placés, pour commander le pays, entre la voie de Blain à Rennes, et celle de Blain vers Châteaubriand; Fougeray n'étant qu'à moins d'une demi-lieue de la première, et Derval à trois quarts de lieue de la seconde.

La maison de Derval a été l'une des plus illustres de Bretagne. Guillaume I.er du nom que le P. Du Paz croit être fils d'un Bonabes de Derval, figurait en 1202, au nombre des seigneurs bretons rassemblés à Vannes, pour aviser au moyen de venger la mort de leur jeune duc Arthur, lâchement assassiné par son oncle Jean-Sans-Terre. Notre histoire a conservé son nom, mais a gardé le silence sur le château, où sans doute il faisait sa résidence. Ce n'est qu'au XIV.e siècle, et après que l'usurpation de Jean de Montfort eut été couronnée par la bataille d'Auray, qu'il est fait mention, pour la première fois, du château de Derval. La seigneurie en appartenait alors à Bonabes de Rougé, qui avait embrassé, avec toute la première noblesse de Bretagne, la juste cause de Jeanne-la-Boiteuse, femme de Charles de Blois, et qui, après la chute de son parti, s'était retiré en France. Le rancuneux Montfort donna la terre et le château de Derval à Robert Knolles, l'un des plus illustres chevaliers anglais qui étaient venus en Bretagne combattre pour son parti; celui-ci garda cette place jusqu'en 1380, qu'il la rendit à Jean de Rougé, fils de Bonabes, son légitime propriétaire. En 1373, pendant que Knolles en jouissait, le château de Derval fut assiégé vainement par Duguesclin, venu pour se saisir de la Bretagne au nom du roi de

France qui accusait Montfort de félonie, à cause de son alliance avec l'Angleterre; la garnison avait promis de se rendre, si sous deux mois elle n'était secourue, et avait donné des ôtages. Knolles parvint, dans l'intervalle, à s'introduire dans la place, et quand le duc d'Anjou et Duguesclin revinrent pour réclamer la reddition, Knolles s'y refusa. Le duc fit trancher la tête des ôtages à la vue des assiégés, et Knolles usa de représailles sur des prisonniers dont les têtes tombèrent dans les fossés. Ce château fut assiégé et pris, pour la dernière fois, en 1593, par les troupes de Henri IV, qui en fit démolir toutes les fortifications. Il n'en reste actuellement que quelques fragments de murailles, et la tour du Sud-Ouest qui a été tranchée dans toute sa hauteur, et dont une moitié est encore debout, et, par la solidité de sa maçonnerie, bravera encore longtemps les intempéries des saisons. Cette maçonnerie, assez grossière, ne me paraît pas remonter audelà du XIII.ᵉ siècle.

Revenons à la voie romaine. Du village de la Chesnaie, elle n'a que 3 ou 400 mètres à parcourir pour arriver à celui de la *Chaussée*, qui, comme tous les autres villages de ce nom, a pris le sien de la voie; elle traverse, avant d'y parvenir, des prairies placées sur le bord d'un ruisseau qui alimente le vaste étang du Frangilier, à un quart de lieue au Sud-Est; puis, elle va passer au-dessous et au Midi de la Chaussée; enfin, atteignant la sommité du côteau, elle arrive au village du Tertre-Gicquel, sur la route de Derval à Chasteau-Briant, au Midi duquel elle passe.

Entre la chaussée et le Tertre-Gicquel, la voie est très-apparente. Son *agger*, formé de grès quarzite, cassé à la grosseur du poing, est large d'une vingtaine de pieds. Sa direction est toujours Est-Est-Nord; et en la traçant sur la carte de Cassini, j'ai remarqué, comme sur le terrain, qu'elle suit une ligne plus régulièrement droite qu'aucune des autres voies que j'ai parcourues jusqu'ici. Cette rectitude dans le tracé pourra rendre moins incertaines quelques conjectures que j'énoncerai bientôt sur le point où tendait cette voie.

Après le Tertre-Gicquel, elle descend à travers une lande vers la forêt de Domenesche. Là on la retrouve avec ses contre-fossés entre lesquels elle a une largeur de 60 pieds, bien que l'*agger* n'en ait que 20. Ailleurs ces contre-fossés ont généralement disparu, et, en quelques endroits, on pourrait croire qu'il n'en a jamais existé. Le recouvrement en cailloux roulés manquant presque partout, m'a fait naître l'idée qu'on a négligé de le poser, soit à raison de la rareté de ces matériaux dans le pays, soit par toute autre cause.

La voie, entrée dans la forêt de Domenesche, m'a paru fort difficile à suivre, et un vieux paysan que j'avais pris pour guide, ne me servit à autre chose qu'à recueillir l'une de ces traditions qui paraissent puériles, mais qui se retrouvant sur des points fort éloignés les uns des autres, donnent à songer à l'antiquaire, qui cherche la cause d'une si singulière concordance, et qui y trouve, par cela même, un certain intérêt. Voici ce que me raconta mon vieux guide.

Le chemin ferré dont je le priais de me montrer la trace, se nomme dans le pays la *Chaussée à la Jouyance*. Or, la *Jouyance* était une princesse, qui voulait faire le tour de la terre en tous les sens, et à mesure qu'elle avançait, le peuple s'empressait de lui préparer de belles routes dont on retrouve ici un échantillon. La *Jouyance* termina cependant ses voyages avant d'avoir été partout, et voici à quelle occasion. Elle remarqua, de son carrosse, sur le chemin, un oiseau mort, et elle demanda à son cocher ce que c'était. Le cocher lui dit : Madame, c'est un oiseau mort, et nous devons tous mourir ainsi. N'allons pas plus loin, dit la Jouyance, qui fut apparemment frappée pour la première fois, de notre instabilité, et elle fit cesser les travaux.

J'ai dit ailleurs que j'avais retrouvé cette tradition sur la voie de Blain à Rieux, dans la paroisse de Fégréac, où on ne m'a pas nommé la princesse ; sur la voie *Ahès*, entre les paroisses de Guer et de Carantoir, où l'histoire est mise sur le compte de la *Rohanne*, ou princesse de Rohan, et enfin au château de la Chèze, où figure la princesse *Aléno*, qui n'est autre qu'Aliénor de Porhoët, dame de la Chèze, femme d'Alain V de Rohan, au XIII.e siècle. Mais ce qu'il y a de plus singulier, c'est que cette tradition existait déjà comme telle et comme fort anciennement connue à l'époque de ce même XIII.e siècle, puisqu'on la retrouve dans un poème dont la composition remonte jusque-là, au jugement des meilleurs critiques, et qui a pour objet la conquête de la Bretagne-Armorique par Charlemagne, sur un roi païen nommé Acquin. Au nombre des barons bretons qui s'étaient réunis à Charlemagne pour combattre l'ennemi commun, se trouvait le vieil *Ahès*, sire de *Ker-Ahès* ou Carhaix, qui

Bien sept vingt ans avait jà tout passés.

Malgré son âge, il venait de se distinguer dans une affaire, et les Français, en prenant du repos, et devisant à loisir, le prièrent de leur raconter l'histoire de sa femme :

Qui fut moult saige et fut de grant beaulté.
Et si luy ont enquis et demandé
Dont ell' fut née et de quell' parenté.

Ahès leur répond :

Elle fut fill' Corsout li aduré,
Qui bien vesquit trois cens ans passé ;
Mais celle dame *ot* (eut) ung moult foul pensé
Qui cuidoit vivre tousjours en jeune *aé* (age).
Elle fist faire ung grant chemin ferré
Par où allast à Paris la cité.
A Querahès..
Fut le chemin commencé et fondé.
...
Quant ce chemin fut faict et compassé,
Plus de vingt lieues fut le chemin ferré.
Moult y ot l'en (eut-on) en poay de temps oupvré
De cy au terme que je vous ay conté,
Que la dame ot ung merle mort trouvé,
De main en l'aultre l'a tourné et viré.
Lors a la dame ung grant souspir jecté :
Que icest siecle n'estoit que vanité,
Qui plus y vit, plus a mal et peiné,
N'y a si riche qui n'ait adversité.
Lors a la dame moult grandement plouré.

Elle fait venir un clerc à qui elle demande :

Si l'on pouait mourir sans estre tué,
Ou mehaigné, ou plaié ou navré.

Il lui répond que :

Tous ceulx mourront qui sont de mere né.

. . . .

Que Dame Dé (le Seigneur Dieu) l'a ainsin destiné.

La dame se lamente :

Helas, dit elle, pourquoy fusmes nous né ?
Or' ne me prise un denier monnoyé,
Ne ma richesse ne ma grant poesté (puissance)
Ja ne sera le chemin achesvé ;
Moult me repens dont j'y ai tant oupvré.

. . . .

Ainsin remaint (resta) comme je vous ay conté.

Vers 852.e et suivants.

Explique maintenant qui voudra ou qui pourra, comment une tradition appliquée par un poète du XIII.e siècle à cette princesse *Ahès* dont les voies romaines de la Basse-Bretagne portent encore le nom (*Hent Ahes*), se retrouve, après plus de six cents ans, dans la mémoire de nos paysans bretons, à l'occasion de ces mêmes voies. Je pourrai y revenir, quand je traiterai des voies sortant de Carhaix et de Corseul.

A un kilomètre du point où la voie, arrivant du tertre Gicquel, entre dans la forêt de Domenesche, existent dans la partie S.-O. de cette forêt, les ruines d'un château fort dont les douves sont bien conservées, et dans la muraille méridionale duquel on voit encore les restes de deux tours de 30 à 40 pieds de hauteur. On reconnaît aussi du côté de l'Est l'emplacement du pont-levis. Le surplus n'est qu'un amas confus de ruines couvertes de broussailles et de grands arbres. C'est le château de *Domenesche*, qui a probablement donné son nom à la forêt, mais sur lequel nous n'avons pas trouvé le moindre renseignement dans toutes nos chartes et chroniques bretonnes. En calculant le point par où la voie entre dans la forêt et celui par où elle en sort, il est évident qu'elle devait passer très-près de cette vieille forteresse, que je regrette de n'avoir point vue, parce qu'il me paraîtrait intéressant d'en examiner la maçonnerie, qui nous donnerait peut-être quelques lumières sur l'époque de sa fondation. Au reste, il ne me semble pas douteux que la fondation originaire ou au moins les premiers ouvrages de fortification qui ont été exécutés en cet endroit, remontent à une époque fort reculée, et ont été en rapport certain avec la voie qui y passait.

Je trouve, dans la nouvelle édition du Dictionnaire d'Ogée, à l'article *Lusanger*, l'indication d'anciens retranchements que l'on voit sur une lande située au Nord de la terre du Verger, que j'ai vainement cherchée sur la carte de Cassini, dans les environs de Lusanger. Je recueille cette observation, parce que ces retranchements, comme le dit l'annotateur, paraissent se lier à l'existence de la voie qui nous occupe.

Je ne dois pas négliger non plus de mentionner le village du *Chastelier*, placé sur la rive droite de la rivière de Chère, à un kilomètre au-dessous de la forge de la Hunaudière. Ce point, qui doit avoir conservé quelques restes de fortifications, comme le nom qu'il porte encore l'indique, est situé à une demi-lieue au N. de la voie sortant de la forêt de Domenesche.

A trois quarts de lieue du Chastelier, sur la même rive de la rivière de Chère, à l'endroit où elle reçoit un très-petit ruisseau venant du bourg de Sion, se trouve le château de Sion, marqué sur la carte de Cassini sous le simple nom de *Château.* Il n'y reste plus qu'une double enceinte de douves, qui se remplissaient à volonté des eaux de la Chère, et quelques débris de murailles. Le château de Sion est à une lieue N.-N.-O. de celui de Domenesche.

Puisque j'annote ici le château de Sion, parce que je crois bon d'indiquer, chemin faisant, toutes les vieilles fortifications que je rencontre à droite et à gauche en parcourant les voies romaines, je veux dire un mot de quelques pierres du genre de celles qu'on nomme, je ne sais trop pourquoi, *druidiques*, et qui se trouvent à un kilomètre, au Midi de ce château, sur la lande, et à une petite distance du moulin à vent dit *Moulin Galo.* Ces pierres étaient plantées sur une ligne droite, au nombre de dix. Deux seulement sont restées debout : toutes les autres ont été renversées. Parmi celles-ci, on remarque la plus forte, qui commençait la ligne vers le Nord, ayant 9 pieds et demi de longueur, 6 de largeur et 4 d'épaisseur. C'est une sorte de poudingue ferrugineux, dont le gluten est très-serré; trois autres sont de la même roche. Le surplus est du quartz grossier; ce que Ogée, article *Sion*, a dit de ces pierres, est fort inexact : l'une d'elle a été renversée par des gens qui cherchaient un trésor.

J'ai reconnu aisément la voie, à l'endroit où elle sort de la forêt de Domenesche, et sur la lande au levant de cette forêt. Elle conserve toujours sa direction N.-E. et paraît tendre vers le village de la Goussequais ou Goussetière. Je ne l'ai point suivie au-delà ; mais un paysan m'assura qu'elle passait au village de l'Aulnaye, qui n'est point marqué sur la carte de Cassini ; qu'elle traversait le ruisseau qui sort de l'étang de la Coquerie et va se jeter dans la rivière de

Chère, et enfin laissait, à quelque distance vers le Midi, le château de la Daviais, appartenant à M. Le Pays de la Riboisière, et que Cassini a pareillement oublié ; mais qui doit être placé un peu au S.-E. du Breil-Herbert. Mon indicateur ajouta que la voie allait passer à La Garenne, village ou maison située à une petite demi-lieue, au N.-E. de Chasteau-Briant. Une autre personne m'a assuré qu'on en trouvait des vestiges fort apparents au village de la Chapelle, sur le ruisseau de la Coquerie, et à celui du Boisbriand, à une lieue à l'Est du bourg de Saint-Aubin. Je n'ai pu vérifier ces renseignements que je consigne cependant ici, parce qu'ils pourront servir à un autre explorateur. Je dirai aussi qu'après la forêt de Domenesche, nous sommes entrés avec la voie dans la paroisse de Saint-Aubin *des Chasteaux*, *Sanctus-Albinus-de-Castellis*. Ce nom, qu'on trouve pour la première fois dans une charte de l'abbaye de Meilleray, de 1183 (D. Moric., pr. I. 696.), porterait à croire que par Chasteaux, *Castella*, on n'entendait pas des forteresses féodales, mais bien des camps ou postes placés dans le voisinage de la voie romaine, pour servir à sa défense. M. Le Pays m'a assuré que près du bourg de Saint-Aubin, on trouve de gros fossés, que les habitants nomment le *Camp des Huguenots*. Il serait intéressant, non-seulement de suivre cette voie dans la traverse de Saint-Aubin, mais encore de reconnaître les vestiges de ces *Châteaux* qui ont donné un nom distinctif à cette paroisse.

J'ai parcouru jusqu'ici dix-sept kilomètres depuis Pont-Veix, où commence l'embranchement qui est formé par la voie dont j'ai recherché avec soin et trouvé la trace dans tout ce développement, à de courtes lacunes près. Mais me voici arrivé au point où tous les renseignements me manquent, et où, contre mon gré, il me faut user de conjectures. Je m'efforcerai d'être prudent et court.

J'ai dit que depuis Pont-Veix jusqu'à la forêt de Domenesche, la voie m'avait paru suivre une ligne droite, en se portant constamment au N.-E., ou à peu près. Cette direction générale nous prouve qu'elle doit passer à une faible distance de Chasteau-Briant, et cette considération m'a fait croire que ce *chasteau* qui a gardé le nom de Brient, l'un de ses vieux possesseurs au XI.e siècle, et dont la fondation originaire se perd dans le moyen âge, a pu être, dans son principe, un camp romain. Cette opinion, que j'ai déjà reproduite pour un assez grand nombre de nos forteresses féodales, semblera peut-être trop généralisée; mais je dois dire que plus j'ai recherché l'époque de fondation de nos vieux châteaux, plus j'ai cru voir cette opinion augmenter en probabilité, et je dirai même en certitude, quand remontant d'âge en âge jusqu'à ce X.e siècle, ou les chartes, même celles recueillies dans les cartulaires des abbayes, nous manquent presque entièrement, ou nos chroniques sont à peu près muettes, ou enfin une nuit obscure vient mettre un obstacle insurmontable aux recherches des plus zélés et des plus laborieux scrutateurs de nos antiquités. Je me suis convaincu qu'il était impossible de retrouver et d'assigner d'une manière précise aucune de ces époques. Et, en effet, ne paraît-il pas naturel que les forteresses bâties ou reconstruites au moyen âge, aient été placées dans les mêmes positions militaires que les Romains avaient choisies en si grand nombre, soit pendant la conquête et la guerre active qu'elle exigea, soit depuis et pendant les quatre siècles de l'occupation des Gaules ? N'est-il pas à croire que les conquérants qui succédèrent aux Romains, s'empressèrent de s'emparer non-seulement des camps principaux, *castra stativa* ou *oppida*, que plusieurs de nos villes ont remplacés, mais encore de ces simples postes, défendus par des travaux de terrassement, qui sont bien l'œuvre de la patiente persévérance du soldat romain, et que les sauvages guerriers du Nord ont été fort aises de rencontrer, parce que des travaux de ce genre n'entraient pas dans les habitudes de gens qui croyaient au-dessous d'eux de remuer la terre d'un champ nourricier, et méprisaient tellement l'agriculture, qu'ils l'abandonnèrent à cette sorte d'esclaves attachés à la glèbe, et qui passaient avec elle dans les mains d'un nouveau maître. C'est ainsi que j'explique cette multitude de châteaux, plus ou moins fortifiés, qui couvraient la Bretagne; quantité qui eût été beaucoup moindre, si les premiers *seigneurs* qui s'en firent une retraite au milieu des bouleversements du moyen âge, n'avaient pas trouvé la besogne plus qu'à moitié faite dans les retranchements romains.

Si la voie passe au Nord de Chasteau-Briant, je pense qu'elle doit aller à la maison de la *Chaussée*, située à 2 ou 300 mètres du bourg de Souldan. A défaut de repères bien certains, je n'ai pu qu'approximativement juger de sa direction ultérieure. La ligne paraît se porter sur Craon, en passant à une petite lieue au Nord de Pouancé, mais comme toute cette partie de l'ancien Anjou et du Bas-Maine n'a point été explorée, ou du moins qu'il ne m'est parvenu aucun renseignement dont je puisse m'aider dans mes recherches, je n'irai point plus loin, et je finirai ce chapitre par une dernière conjecture qui m'avait beaucoup flatté d'abord, mais qui, je le crains, disparaîtra entièrement, quand on aura trouvé la véritable prolongation de la voie qui nous occupe. Toutefois la voici :

Les Romains pendant leur occupation de la Gaule, avaient occupé, accru, embelli les villes capitales des anciennes peuplades du pays. Ils les lièrent par des routes, qui presque toutes allaient, en ligne à peu près droite, de l'une de ces capitales à l'autre. Mes recherches m'ayant amené à considérer Blain, d'où partaient sept voies romaines, comme la capitale des anciens Nannètes, j'avais pensé que la voie passant près de Chasteau-Briant, et se dirigeant vers le Maine, se rendait à l'une des villes antiques de ce pays, et Jublains s'était d'abord et assez naturellement présenté à ma pensée. C'est, sans aucun doute, un établissement romain. On y a placé, avec un peu moins de certitude, mais par des raisons très spécieuses, la capitale des Diablintes, le *Noedunum* de Ptolémée. Raisonnant dans cette hypothèse, et Jublains se trouvant à peu près dans la direction de notre voie, j'avais cru trouver une assez grande analogie entre le nom de *Jouvence* ou *Jovance* donné, suivant Renouard, *Ess. hist. sur la prov. du Maine*, 1, 20 et 67, à une fontaine célèbre qu'on trouve à Jublains, et celui de la princesse *Jouyance* dont j'ai parlé ci-dessus, et je me disais, dans le sens féerique, que cette princesse Jouyance, ou Jouvence, avait certainement fait faire ce chemin pour faciliter les voyages de nombreux pèlerins à sa miraculeuse fontaine. Renouard avait écrit que cette fontaine de Jovance était de figure ovale, ceinte de belles pierres de taille, avec une voûte, au bout vers le Nord, haute d'un à 2 pieds, par-dessous laquelle l'eau venait à la fontaine par différents canaux; qu'on racontait mille et une apparitions, sur ses bords, de fées et de vieillards vêtus de blanc; il en faisait enfin une source sacrée du druidisme. Tout cela me semblait merveilleusement bien arrangé. Mais voici, d'abord, qu'en 1834, mon savant et honorable ami, M. Verger, de Nantes, va à Jublains, explore avec soin la localité, cherche la fontaine de Jovance, et ne trouve qu'un trou carré garni de pierres de toutes grosseurs, peu ou point taillées, et dont l'eau, ni thermale, ni minérale, n'est pas même bonne à boire. Il interroge plusieurs habitants sur la célébrité de cette fontaine. On ne lui raconte pas la moindre historiette, seulement il lui fut dit (sans doute, par un *savant* de l'endroit) que c'était là que Jules-César prenait des bains, parce qu'il est de toute évidence que *Jublains* vient de *Julii-Balnea*, Jules-les-Bains. Cependant le nom de Jovance reste à cette pauvre fontaine, que les fées paraissent avoir abandonnée, et même à une maison de fermier qui est auprès. Mais ma conjecture n'en a pas moins perdu une certaine dose de crédit.

Ce n'est pas tout. J'ai cru m'apercevoir, en cherchant la continuation de la ligne que j'ai suivie depuis Pont-Veix vers Chasteau-Briant, que cette ligne ne s'élevait pas au N.-E. plein pour aller chercher Jublains, mais qu'elle tendait plutôt vers l'E.-E.-N.; et, conséquemment, paraissait se diriger sur le Mans, en laissant à peu de distance Pouancé au midi, Craon au nord, Château-Gontier au midi, Brûlon au nord et arrivant au Mans par Vallon,

Souligné-sous-Vallon et Vendœuvre, château de la Paroisse de Fay. Pouancé, Craon, Château-Gontier, ont été des places fortes au moyen âge. On remarque à Vallon, derrière l'église, une motte entourée de fossés; et, à un tiers de lieue au N.-E., un village nommé le *Chastelier*. A la ferme de la Tétardière, commune d'Athenay, à 3 kilomètres au S.-E. de Vallon, on a trouvé, au commencement du siècle, deux cercueils en pierre de roussard, qui contenaient deux squelettes, ayant chacun un anneau d'or au doigt; et, récemment, deux médailles impériales, l'une de Balbinus, mort en 238, et l'autre de Philippus, qui commença son règne en 244. La carte de Jaillot, dressée en 1706, indique par la figure d'un sabre, qu'il y a eu une bataille dans la paroisse d'Athenay.

A Souligné, à un kilomètre au N. du bourg, un autre village pareillement nommé le *Chastelier*; enfin au château de Vendeuvre, à trois quarts de lieue au S.-O. du clocher de la paroisse de Fay, on trouve dans les fouilles une grande quantité de fragments de briques, tuiles et poteries romaines; les fondations d'une *villa*, évidemment réduite en cendre, ainsi que le prouvent les traces très-apparentes d'un violent incendie. De plus, à moins de 2 kilom. au S. du même clocher, le vieux château de Broussin, fortifié de murs, tours et tourelles, avec un chemin souterrain allant sortir dans un champ de la métairie du grand Beauvais, par une ouverture de 6 pieds carrés, nommée ouverture *de la tour de la Fée*. (Le Page, Dict. du Maine.) Tradition qui indique, pour ce château, une fort ancienne origine. Mais, avant de rien décider, il faut attendre de nouveaux renseignements, et j'invite les antiquaires des départements de la Sarthe et de la Mayenne à étudier cette ligne. C'est le seul moyen de confirmer ou de détruire ma conjecture.

Malgré les observations qui précèdent, il ne faudrait point peut-être affirmer que la voie de Blain, vers Chasteau-Briant, ne met pas cette première localité en communication avec Jublains, sinon directement au moins par un embranchement, qui prendrait naissance vers Pouancé ou Craon. M. l'abbé Gérault, dans son intéressant travail sur le doyenné d'Evron, s'est beaucoup occupé des voies romaines qu'on trouve en grand nombre dans les environs de Jublains. Il en signale entre autres, une qui, de Jublains passant à Montsûrs, se dirige de là vers le bourg de Louvigné. Il observe qu'il ne reste plus de pavé auprès de Montsûrs, mais qu'à 2 kilomètres de cette petite ville, on en distingue en plusieurs endroits ; il ajoute enfin que cette voie arrive à Entrammes. En admettant la réalité de l'existence de cette voie, il est certain que sa prolongation arriverait vers Craon et Pouancé, et s'embrancherait avec la voie venant de Chasteau-Briant. C'est une suite à donner aux recherches de M. l'abbé Gérault et aux miennes. Ceci pourra faire comprendre combien il serait intéressant que chaque explorateur pût pousser ses lignes le plus loin possible, parce que, rencontrant bientôt les lignes observées dans les départements voisins, on aurait facilement une carte exacte des voies romaines de la Gaule, avec laquelle on pourrait relever les erreurs des itinéraires romains, les mieux interpréter, et voir combien ils sont incomplets.

NANTES, IMPRIMERIE DE M.me V.e C. MELLINET. — 42,826.

www.ingramcontent.com/pod-product-compliance
Ingram Content Group UK Ltd.
Pitfield, Milton Keynes, MK11 3LW, UK
UKHW020247250726
13967UKWH00004B/1550